# 서비스·경험디자인 기사 수험서

## Service·Experience Design

일러두기

- 이 책은 김진우의 책 『서비스 경험 디자인』(안그라픽스, 2017)을 바탕으로 작성되었습니다.
  해당 책을 참고하시면 더 구체적인 내용을 쉽게 이해하실 수 있습니다.
- 기출 개념을 먼저 수록하고, 향후 출제될 가능성이 높은 주요 개념을 ⬜로 표시했습니다.

## 서비스·경험디자인 기사 수험서

2023년 3월 15일 초판 발행 • **지은이** 박도은 김유영 김진우 • **펴낸이** 안미르 안마노
**편집** 김한아 • **디자인** 박현선 • **영업** 이선화 • **커뮤니케이션** 김세영 **인쇄·제책** 세걸음
**글꼴** AG 마당 돋보임, AG 최정호 민부리 Std

**안그라픽스**
**주소** 우 10881 경기도 파주시 회동길 125-15 • **전화** 031.955.7755 • **팩스** 031.955.7744
**이메일** agbook@ag.co.kr • **웹사이트** www.agbook.co.kr • **등록번호** 제2-236(1975.7.7)

ISBN 979.11.6823.022.4 (13000)

# 서비스·경험디자인 기사 수험서

박도은·김유영·김진우 지음

안그라픽스

# 발견 단계

# 정의 단계

# 개발 단계

# 전달 단계

# 현재 그리고
# 미래 탐색

# 예상 문제
# 정답과 개념 확인

# 시작하기 전에

## 서비스·경험디자인 기사 자격증이란

출처: 한국디자인진흥원

출처: 한국디자인진흥원

📍 서비스·경험디자인 기사 자격 추진 배경이 궁금합니다

급증하는 서비스·경험디자인 수요에 대응하고, 자격 제도를 통해
디자인 전문 인력의 활용을 확대하고자 하는 목적으로 시행되었습니다.

📍 국가 공인 자격에 해당하는지 궁금합니다

서비스·경험디자인 기사 자격은 국가기술자격법에 의한 '기사' 등급에 해당하며,
취득 후 동등한 자격을 인정받습니다.

📍 자격 취득 시 혜택 및 활용 분야가 궁금합니다

자격 취득의 활성화를 위해 서비스 디자인 관련 국가 사업 참여 자격 부여,
지자체·기관 등에 서비스 디자인 전문가 추천 시 활용, 서비스 디자인 관련 분야
채용 시 우대 등의 혜택을 검토 협의 중입니다.

📍 응시 자격이 궁금합니다

국가기술자격법시행령 제14조 제7항 관련에 따라 기사 등급의 응시 자격은
아래와 같습니다.

| 1 | 산업기사 등급 이상의 자격을 취득한 후 응시하려는 종목이 속하는 동일 및 유사 직무 분야에서 1년 이상 실무에 종사한 사람 |
|---|---|
| 2 | 기능사 자격을 취득한 후 응시하려는 종목이 속하는 동일 및 유사 직무 분야에서 3년 이상 실무에 종사한 사람 |
| 3 | 응시하려는 종목이 속하는 동일 및 유사 직무 분야의 다른 종목의 기사 등급 이상의 자격을 취득한 사람 |
| 4 | 관련학과의 대학 졸업자 등 또는 그 졸업예정자 |
| 5 | 3년제 전문대학 관련학과 졸업자 등으로서 졸업 후 응시하려는 종목이 속하는 동일 및 유사 직무 분야에서 1년 이상 실무에 종사한 사람 |
| 6 | 2년제 전문대학 관련학과 졸업자 등으로서 졸업 후 응시하려는 종목이 속하는 동일 및 유사 직무 분야에서 2년 이상 실무에 종사한 사람 |
| 7 | 동일 및 유사 직무 분야의 기사 수준 기술훈련과정 이수자 또는 그 이수예정자 |
| 8 | 동일 및 유사 직무 분야의 산업기사 수준 기술훈련과정 이수자로서 이수 후 응시하려는 종목이 속하는 동일 및 유사 직무 분야에서 2년 이상 실무에 종사한 사람 |
| 9 | 응시하려는 종목이 속하는 동일 및 유사 직무 분야에서 4년 이상 실무에 종사한 사람 |
| 10 | 외국에서 동일한 종목에 해당하는 자격을 취득한 사람 |

* 세부 응시기준, 관련학과, 유사직무 기준은 별도 첨부파일에서 확인 가능

📍 시험 프로세스

필기시험 → 객관식 시험, 총 80문항, 2시간 30분

| 과목 | 합격 기준 |
| --- | --- |
| 서비스 경험디자인 기획 설계 (20문항) | 100점 만점 기준 과목당 40점 이상<br>전체 평균 60점 이상 |
| 사용자 조사 분석 (20문항) | |
| 사용자 중심 전략 수집 (20문항) | |
| 서비스 경험디자인 개발 및 운영 (20문항) | |

실기시험 → 필답식 시험, 총 25문항, 3시간
　　　　　 난이도, 중요도에 따라 배점이 다름, 여러 위원이 복수에 걸쳐서 채점

| 과목 | 합격 기준 |
| --- | --- |
| 서비스·경험디자인 개발 실무 | 100점 만점 기준 과목당 60점 이상 |

📍 시험 출제 범위

필기시험 (2022.6 개정판)

| 과목명 | 주요 항목 | 세부 항목 | 세세 항목 |
| --- | --- | --- | --- |
| 서비스·경험디자인<br>기획설계 (20문항) | 디자인 개요 | 디자인 일반 | 디자인의 개념 및 정의<br>디자인의 분류 및 특성<br>디자인의 사회적 기능과 윤리 |
| | 서비스·경험디자인<br>이해 | 정의 | 디자인 씽킹의 정의<br>서비스 디자인 정의<br>경험 디자인 정의 |
| | | 프로세스와 방법론 | 서비스 디자인 프로세스 이해<br>서비스 디자인 방법론(툴키트) 이해<br>서비스 디자인의 특징과 활용 분야<br>경험 디자인의 특징<br>UI의 정의와 기본 원칙 이해<br>사용성 평가의 개념 이해 |
| | 서비스·경험디자인<br>요구 사항 파악 | 요구 사항 파악 | 프로젝트 요구 사항 파악<br>디자인 목적 파악<br>디자인 수요자 파악 |
| | | 과제 분석 | 서비스 요구 사항 파악<br>요구 사항 요건 수립<br>서비스 요구 사항 정리<br>시각화 자료 작성 |

| | | | |
|---|---|---|---|
| | 서비스·경험디자인 수행 계획 수립 | 수행 계획 수립 | 프로젝트 목표 파악<br>일정별 계획 정리 |
| | | 과제 관리 체계 수립 | 단계별 산출물 체크리스트 작성<br>개인 정보 보호 원칙 이해 |
| | 설문 설계 | 설문 설계 및 완성 | 개별 설문 시안 작성<br>설문 항목 구조화 및 작성 |
| 사용자 조사·분석<br>(20문항) | 서비스·경험디자인 환경 조사 | 데스크 리서치 | 데스크 리서치 고려 사항<br>데스크 리서치 절차 |
| | | 환경 현황 조사 | 거시적·미시적 환경 조사<br>유사·경쟁 환경 및 서비스 조사 |
| | 서비스·경험디자인 관찰 조사 | 사용자 유형 이해 | 사용자 요구 조건 예측<br>사용자 라이프스타일 조사<br>사용자 유형 분류와 기준 |
| | | 관찰 조사 설계 | 관찰 조사 계획<br>관찰 조사 방법<br>관찰 조사 범위 |
| | | 사용자 관찰 조사 | 사용자 경험 관찰 및 잠재 요구 파악<br>사용자 행동 패턴 조사<br>조사 진행을 위한 의사소통 기술 |
| | 서비스·경험디자인 면접 조사 | 면접 조사 설계 | 연구 및 조사 윤리(IRB) 이해<br>면접 조사 방법 설정<br>면접 조사 대상 설정<br>면접 대상자 섭외 및 관리 |
| | | 면접 조사 실시 | 시범 면접 진행 및 보완<br>면접 조사 기술 및 결과 정리 |
| | FGI 정성 조사 | FGI 설계 | 조사 목적에 따른 인터뷰 주제 선정<br>FGI 대상자 선정<br>FGI 질문지 작성 |
| | | FGI 실시 | 시범(파일럿) 인터뷰 진행 FGI 내용 기록(스크립트 기록, 녹화, 녹음 등)<br>FGI 내용 정리 및 분류<br>결과 도출 및 정리 |
| | 심층 인터뷰 정성 조사 | 심층 인터뷰 설계 | 조사 목적에 따른 설문 내용 구체화<br>심층 인터뷰 대상자 선정<br>심층 인터뷰 진행 지침 작성 |
| | | 심층 인터뷰 실시 | 심층 인터뷰 동의 절차 수행<br>심층 인터뷰 내용 기록<br>심층 인터뷰 내용 정리 및 분류<br>심층 인터뷰 진행 지침에 따른 진행 |

| 사용자 중심 전략 수립 (20문항) | 서비스·경험디자인 환경 분석 | 서비스 환경 이해 | 서비스 환경 분석<br>서비스 모델 분석<br>환경 분석 종합 |
|---|---|---|---|
| | 서비스·경험디자인 대상 분석 | 가상 사용자 (페르소나) 설정 | 가상 사용자 유형 설정<br>가상 사용자별 경험 특성 항목 설정<br>경험 시나리오 작성 |
| | | 사용자 여정 분석 | 서비스 경험 단계 유형화<br>서비스 경험 여정 지도 시각화 |
| | 서비스·경험디자인 대상 분석 | 가상 사용자 (페르소나) 설정 | 가상 사용자 유형 설정<br>가상 사용자별 경험 특성 항목 설정<br>경험 시나리오 작성 |
| | | 사용자 여정 분석 | 서비스 경험 단계 유형화<br>서비스 경험 여정 지도 시각화 |
| | 서비스·경험디자인 대상 분석 | 가상 사용자 (페르소나) 설정 | 가상 사용자 유형 설정<br>가상 사용자별 경험 특성 항목 설정<br>경험 시나리오 작성 |
| | | 사용자 여정 분석 | 서비스 경험 단계 유형화<br>서비스 경험 여정 지도 시각화 |
| | | 이해관계자 분석 | 이해관계자 선별<br>이해관계자 역할 정의<br>이해관계자 요구 사항 파악<br>이해관계자 맵 시각화 |
| | 서비스·경험디자인 원칙 수립 | 서비스·경험디자인 요구 사항 정의 | 디자인(문제 해결) 목표 수립<br>친화도 맵(어피니티 다이어그램) 작성<br>요구 사항 정리(정보 시각화) |
| | | 핵심 사용자 정의 | 핵심 사용자 유형 설정<br>핵심 사용자 요구 분석<br>핵심 사용자 경험 특성 도출 |
| | | 디자인 콘셉트 도출 | 디자인 원칙 정의<br>디자인 콘셉트 제안<br>디자인 콘셉트 시각화 |
| | 서비스·경험디자인 아이데이션 | 아이디어 워크숍 | 아이디어 워크숍 계획<br>아이디어 워크숍 진행(퍼실리테이션 기술)<br>서비스 아이디어 도출<br>아이디어 평가 및 결과 정리 |
| | | 아이디어 구체화 | 서비스 아이디어 설명<br>서비스 아이디어 시각화<br>서비스 아이디어 평가 및 확정 |
| | | 서비스·경험 구조화 | 단계별 서비스 접점 정의<br>사용자 서비스 설계 |

| | | | |
|---|---|---|---|
| | 서비스·경험디자인 프로토타입 개발 | 서비스·경험 프로토타입 기획·설계 | 프로토타입 기획<br>프로토타입 모델 설계<br>프로토타입 제작 계획 수립 |
| | | 서비스·경험 프로토타입 제작 | 프로토타입 모델링<br>프로토타입 시뮬레이션 |
| | 서비스·경험디자인 시나리오 개발 | 서비스·경험 시나리오 계획·제작 | 서비스 시나리오 계획<br>페르소나 상황 설정<br>신규 서비스 상황 구성<br>서비스 스토리보드 제작<br>타당성 평가 및 개선 방안 수립 |
| 서비스·경험디자인 개발 및 운영 (20문항) | 디자인 권리 | 지식재산권 | 지식재산권 이해: 상표권, 특허권<br>(BM 포함), 디자인 출원,<br>저작권 등록 등<br>지식재산권 기본절차 |
| | 서비스·경험디자인 프로토타입 평가 | 서비스·경험 프로토타입 평가 계획 | 프로토타입 평가 방법 계획<br>사용자 평가 참여자 구성 |
| | | 서비스·경험 프로토타입 평가하기 | 프로토타입 시뮬레이션 평가<br>사용성 평가 도출<br>개선 방향 수립<br>평가 결과 문서화 |
| | 서비스·경험디자인 모델 개발 | 서비스·경험 결과물 제시 | 최종 서비스·경험 모델 문서화<br>서비스·경험 블루프린트 작성<br>서비스·경험 로드맵 작성<br>서비스·경험 아이디어<br>포트폴리오 작성 |
| | 프레젠테이션 | 프레젠테이션 기획·제작 | 주제 및 방향 설정<br>디자인 전개 과정 이해 및 발표 계획<br>시각적·논리적 자료의 효과적 활용 |
| | 서비스·경험디자인 프로젝트 완료 | 완료 보고서 작성 | 프로세스 단계별 결과 정리<br>단계별 문서 축약 및 편집 |
| | 디자인 자료화 | 데이터베이스 관리하기 | 최종 디자인 파일·결과물<br>데이터베이스화<br>클라이언트, 디자이너 공유 및 보존 |
| | 서비스·경험디자인 사후 관리 | 운영 방안 제시 | 결과물 관리<br>유지보수 |

## 기출문제 개념 정리

필기시험(3회) 개념 정리

| 과목명 | 번호 | 세부 내용 |
|---|---|---|
| 서비스·경험디자인 기획 설계 | 1 | 공공 서비스 디자인, 공공 디자인 진흥법 |
| | 2 | 디자인 씽킹: 리처드 뷰캐넌 |
| | 3 | 서비스 경험 디자인 발전 순서 |
| | 4 | 스탠포드의 디자인 씽킹 프로세스 |
| | 5 | 서비스 디자인 개념 |
| | 6 | 서비스의 특징: 불가분성 |
| | 7 | 서비스 디자인 컨설팅 프레임 워크 |
| | 8 | 맥락적 조사 |
| | 9 | 멘탈 모델 |
| | 10 | 지각의 과정 |
| | 11 | 온보딩, 어포던스 개념 이해 |
| | 12 | FDA의 의료기기 디자인 사용성 지침 |
| | 13 | 서비스 디자인 툴키트: AT-ONE |
| | 14 | 디자인 결과물에 대한 기능의 목적 |
| | 15 | 서비스 경쟁 전략과 유형 |
| | 16 | 매트릭스형 목록 |
| | 17 | 서비스 경험 디자인 프로젝트팀 구성 |
| | 18 | 서비스 디자인 프로세스 이해 |
| | 19 | 제이콥 닐슨의 데이터 종류와 접근 방식 |
| | 20 | 리처드 솔 워먼의 정보 조직화 방법, 래치(LATCH) |
| 사용자 조사 분석 | 1 | 데스크 리서치 |
| | 2 | 3C(오마에 겐이치), 4P(제롬 맥카시), PEST(프랜시스 J. 아길라) |
| | 3 | 마이클 포터의 위협 요인 모델 |
| | 4 | 거시 환경 조사 방법: 정치, 경제, 사회, 환경, 기술 |
| | 5 | 사용자 유형 분류 |
| | 6 | 아에이오우(AEIOU) 분석 방법 |

| | 7 | 온라인 에스노그라피 수행 과정 |
|---|---|---|
| | 8 | 사용자 관찰 방법 |
| | 9 | 모바일 에스노그라피 수행 방법 |
| | 10 | 행동경제학 |
| | 11 | 인디 영의 멘탈 모델 구축 |
| | 12 | 연구 및 조사 윤리(IRB) 면제 조건 |
| | 13 | 사회적 선망 편향 |
| | 14 | 질적 연구 기법에 대한 설명 |
| | 15 | 반구조 인터뷰 |
| | 16 | FGI 퍼실리테이터 |
| | 17 | 5단계의 '왜' five whys |
| | 18 | 프로브 관찰 방법 |
| | 19 | 관찰 대상 선정 |
| | 20 | 시각적 매핑 방법 |
| 사용자 중심 전략 수집 | 1 | 4I (Immersion, Interaction, Imagination, Intelligence) |
| | 2 | NFT |
| | 3 | 귀납 논리, 귀추 논리, 연역 논리 |
| | 4 | 페르소나 제작 방법 |
| | 5 | 고객 여정 지도 |
| | 6 | 문제 해결 과정 |
| | 7 | 서비스 생태계 지도 |
| | 8 | 멘탈 모델 사례 |
| | 9 | 서비스 디자인 원칙 |
| | 10 | 아이디어 도출 과정 - 콘셉트 시각화 |
| | 11 | 공동창작 워크숍 |
| | 12 | 에두아르 드 보노의 여섯 색상 모자 |
| | 13 | 혼합 현실 mixed reality |
| | 14 | 서비스 맥락 시나리오 |
| | 15 | 카노 평가 테이블 |

# 서비스 경험 디자인

# 1강 서비스와 경험 디자인

## 서비스와 디자인의 정의

▶ 서비스: 한 사람이 다른 누군가에게 '무형'이며 아무 '소유권이 발생하지 않는 행위 또는 혜택을 제공'하는 것
▶ 디자인: '새로운' 무언가를 '창조'하는 것, 목표 대상물을 '의도와 계획대로 설계'하는 것
▶ 서비스 디자인: 고객이 무형의 서비스를 구체적으로 경험하고 평가할 수 있도록, 고객과 서비스가 접촉하는 모든 경로의 유·무형 요소를 창조하는 과정(표현명, 이원식, 최미경 공저, 『서비스 디자인 시대』)
  ▸▸ 새로운 비즈니스 모델을 개발함으로써, 부가가치 창출을 위한 고려도 진행됨
  ▸▸ 사용자와 공급자에 대한 리서치를 기반으로 진행됨

| 서비스의 특징 | | 디자인의 특징 | |
|---|---|---|---|
| 무형성 intangibility | 눈에 보이지 않고 형태가 없기에 실체를 보거나 만질 수 없으며, 그로 인해 생각이 제한될 수 있음 | 가시화 | 인공물을 통해 눈에 보이는 형태로 사용자에게 전달해야 함 |
| 이질성 heterogeneity | 사용자와 환경에 따라 각기 다른 특성을 지녀, 사용자마다 다르게 해석할 수 있음 | 시스템적 접근 | 일관성 있는 서비스를 제공하기 위한 접근이 필요 |
| 불가분성 inseparability | 생산 시점과 사용 시점을 분리할 수 없으며, 같은 시점에 이루어져야 함 | 사용자와 접점 관리 | 사용자가 서비스를 경험하는 과정에서의 접점(터치포인트 touchpoint) 관리로 통합적인 사용자 경험 전달이 가능 |
| 소멸성 perishability | 사용하지 않으면 사라지며, 제공하는 가치가 한시적임 | 기억에 남는 경험 | 오랫동안 잊히지 않는 경험을 제공해야 함 |

**서비스의 특징과 이로 인한 디자인의 특징**

## 서비스 경험 디자인의 특징

### 서비스 경험 디자인이란

▶ 서비스를 사용하는 사람과 서비스를 제공하는 사람들에게 최적의 경험을 주기 위한 원리와 방법
▶ 목표: 사용자에게 최적의 경험을 제공하는 것

### 진정한 경험이란

▶ 일상 속에서 그 본연의 목적을 충분히 달성함으로써 인생의 의미를 풍요롭게 하고, 시작과 끝을 선명하게 구분할 수 있는 어떤 경험(존 듀이, 『경험으로서의 예술Art as Experience』)

### 진정한 경험의 특징

▸ 기억에 남는 경험: 시작과 끝이 명확해 기억에 뚜렷하게 남는 경험
▸ 삶을 충만하게 하는 경험: 사용자가 의도했던 소기의 목적 달성을 넘는 충만한 경험
▸ 조화를 이루는 경험: 주변 사람과 환경 사이에서 조화를 이루는 경험

## 좋은 서비스 경험

### 경험의 원리

| 유용성 usefulness | 사용자가 서비스를 사용할 때, 그 목적을 효과적으로 달성할 수 있도록 디자인되어야 함 |
|---|---|
| 사용성 usability | 사용자가 서비스를 사용하는 특정 맥락에서 해당 서비스를 효율적으로 사용할 수 있게 디자인되어야 함 |
| 감성 affectability | 서비스를 사용하면서 사용자가 느끼고자 하는 감성적인 요인들을 충분히 제공해줄 수 있게 디자인되어야 함 |
| 의미성 meaningfulness | 서비스는 사람들이 갖고 있는 문제점을 해결하거나 삶의 질을 향상시켜줄 수 있게 디자인되어야 함 |

### 서브퀄 SERVice+QUALity=SERVQUAL

▸ 유형성tangibles, 신뢰성reliabilities, 반응성responsiveness, 확신성assurance, 공감성empathy
▸ 서비스에 대한 양적 판단을 할 수 있음

## 서비스 경험 디자인 관련 용어 정리 ···················································· 📁

| 인간 공학<br>human factors or ergonomics | '인간의 신체적·인지적 특성을 고려해 인간을 위해 사용되는 물체,<br>시스템, 환경의 디자인을 과학적인 방법으로 기존보다<br>사용하기 편하게 만드는 응용 학문 |
|---|---|
| 감성 공학<br>sensibility ergonomics | 인체의 특징과 감성을 제품 설계에 최대한 반영하는 기술로,<br>인간이 가진 바람에 대한 이미지나 감성을 구체적인 제품 설계로<br>실현해내는 공학적 접근 방법 |
| 사용성 공학<br>usability engineering | 사용자의 니즈를 해결하고 그 방식에 실제 사용 가능한<br>제품으로 개발하는 과정 |
| 인지 과학<br>cognitive science | 인간의 마음과 컴퓨터와 같은 지능적 체계의 성질, 구체적으로는<br>학습, 추론, 언어, 문제해결 등을 각 분야에서 발전시켜 온<br>방법론과 이론을 적용해 연구 활동을 수행하는 학문 분야 |
| 사용자 경험(UX)<br>User eXperience | 제품, 서비스, 시스템을 사용하면서 체험하는 전반적인<br>사용자 경험을 개선하기 위한 설계 영역 |
| 사용자 인터페이스(UI)<br>User Interface | 사람(사용자)과 컴퓨터 시스템 사이의 의사소통 매개물 |
| HCI<br>Human Computer Interaction | 어떤 디지털 제품이 좋은 제품인지, 그리고 어떻게 하면<br>좋은 디지털 제품을 만들 수 있는지를 연구하는 학문 |

## 공공 서비스 디자인 ···················································· 📁

▶ 서비스 디자인 방법을 공공 영역에 적용해 공공 정책과 공공 서비스를 개발하는 것
▶ 수요자, 사용자 입장에서 공공 분야의 문제를 해결하기 위한 과정
▶ 사람들이 공공 서비스를 이용할 때 어떤 선택이나 행동을 하고,
  무엇을 생각하는지 포착해 재설계하는 것
▶ 식품의약품안전처는 복잡하고 표준화되지 않은 영양 정보 표시제도를 개선하고자
  국민디자인단과 함께 정보를 제공하는 시점부터 국민이 접하고 활용하는 매체까지
  폭넓게 탐구하며 '소비자 중심의 영양표시 및 정보 제공' 프로젝트를 진행함(식품의약
  품안전처, 2015 국민디자인단)

## 사용성의 속성 ················································ 🗁

특정 시스템, 서비스의 사용성과 관련해 구체적으로 측정되거나
점검할 수 있는 시스템의 특성

| 기본적 차원 | |
|---|---|
| 효율성 → 사용자가 주어진 과업을 얼마나 효율적으로 달성할 수 있는지 | |
| 반응성 | 시스템의 반응 속도(시간)와 안정성을 강조하는 속성 |
| 단축성 | 사용자가 과업을 간단하게 마무리할 수 있는 정도(절차) |
| 정확성 → 사람들이 시스템을 사용하면서 저지르는 오류와 관련 | |
| 사전방지성 | 시스템 사용 중 발생 가능한 오류를 미연에 제거하거나 줄이는 행동 |
| 오류 발생 감지성 | 이미 발생한 오류를 빠르게 인식하고 신속하게 조치를 취하는 것을 의미 |
| 오류 회복성 | 발생한 오류에 대해 지각한 후 이를 정정할 수 있게 하는 속성 |

| 부수적 차원 | |
|---|---|
| 의미성 → 시스템을 사용하면서 사용자가 보고 싶은 정보나 실행하고 싶은 기능이 사용자에게 제공되어야 한다는 것 | |
| 변화 제시성 | 시스템의 내부 상태가 변화했을 때 그 변화된 상태를 사용자가 감지할 수 있도록 방법을 물리적으로 제공하는 속성 |
| 이해 가능성 | 전달된 정보를 사용자가 이해할 수 있어야 한다는 것 |
| 학습성 | 초보 사용자가 시스템에 대한 지식을 취득하기까지 얼마나 많은 시간과 노력이 필요한지 |
| 유연성 → 사용자가 시스템을 통해 원하는 작업을 선호하는 방식으로 진행할 수 있도록 하는 것 | |
| 사용자 주도권 | 사용자가 자신이 원하는 대로 시스템과 상호작용 할 수 있게 하는 것 |
| 대체성 | 사용자에게 과업 수행 방법을 여러 개 제시하고, 처한 상황에 따라 가장 적절한 것을 선택할 수 있게 하는 것 |
| 다중성 | 사용자가 두 개 이상의 작업을 동시에 수행할 수 있도록 하는 속성 |
| 개인화 | 사용자의 취향 혹은 특성에 따라 시스템의 상태를 변화시키는 것 |
| 연결성 | 시스템 간의 연동, 호환에 대한 것 |
| 일관성 → 시스템의 정보나 기능이 다른 대상과 비슷한 모습이나 유사한 역할을 가지는 것 | |
| 예측 가능성 | 과거 사용 경험을 기반으로 행동에 대한 시스템의 결과를 예측할 수 있게 하는 시스템의 속성 |
| 친숙성 | 실제 세상의 경험을 바탕으로 시스템 사용에 필요한 지식을 습득하게 하는 시스템 속성 |
| 일반화 가능성 | 과거에 사용한 명령 혹은 메뉴를 새로운 상황에서도 사용할 수 있는 것 |

# 산업디자인진흥법 (=산업디자인법) ········································· 📁

## 산업 디자인의 정의
제품 및 서비스 등의 미적·기능적·경제적 가치를 최적화함으로써 생산자 및 소비자의 물질적·심리적 욕구를 충족시키기 위한 창작 및 개선 행위(창작·개선을 위한 기술 개발 행위를 포함)와 그 결과물

## 산업 디자인의 분류

| | |
|---|---|
| 제품 디자인<br>product design | ▸ 상품의 외관을 구성하는 형상·모양·양식·색채·장식 등을 소비자의 미적 감각이나 욕구에 부응하게 결합해 구매 선호를 일으키게 하는 것<br>▸ 전자제품, 자동차 등 유형적 제품에 대한 작업 |
| 포장 디자인<br>package design | ▸ 소비자에게 상품을 알리고, 구매 의욕을 증가시키며, 상품을 안전하게 보호하고 운반할 수 있는 입체 디자인<br>▸ 포장 상자, 패키지 등 유형적 제품에 대한 작업 |
| 환경 디자인<br>environmental design | ▸ 인간의 생활에 필요한 환경 및 공간을 보다 적합하게하기 위한 목적의 디자인<br>▸ 학교, 상점, 공장 등 물리적 공간의 가치를 향상시키기 위한 작업 |
| 시각 디자인<br>visual design | ▸ 정보를 시각적인 기호나 형태, 색채를 통해 전달하는 과정<br>▸ 서체, 컬러, 이미지 등에 대한 작업 |
| 서비스 디자인<br>service design | ▸ 무형적 서비스를 포함해 비즈니스를 확장하는 고객 경험 중심의 디자인<br>▸ 금융, 의료, 교육 등을 다루는 무형적 서비스에 대한 작업 |

# 1강 예상 문제 ✅❌

1. QR코드 접근 방법에 사용성의 속성을 고려한 디자인이 추가되었다. 아래 내용과 관련된
사용성의 속성으로 옳은 것은?

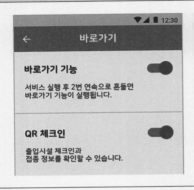 

① 친숙성      ② 개인화      ③ 학습성      ④ 단축성

---

2. 다음 중 서비스 경험 디자인에 대한 설명으로 옳지 않은 것은?

① 사용자 중심의 관점에서 리서치를 진행하고 디자인을 한다.
② 유용성, 사용성, 감성의 경험 요소를 고려해 효과적인 서비스 창출을 목적으로 한다.
③ 제품이나 환경을 설계할 때 인간의 신체적 특성에 관한 정보를 응용해 편리성과
안전성, 효율성을 높이는 것이다.
④ 사용자에게 최적의 경험을 제공하기 위해, 사용자가 서비스를 마주하는 접점에 대한
총체적 경험을 고려해 디자인한다.

---

3. 다음 중 서비스 디자인에 대한 설명으로 옳지 않은 것은?

① 서비스가 사용성, 유용성, 감성을 갖출 수 있도록 디자인 작업이 진행된다.
② 사용자가 서비스를 경험하는 전체 과정에 대한 고려가 요구된다.
③ 수익 창출에 대한 내용은 고려하지 않아도 된다.
④ 사용자 중심 디자인 방법론에 의해 진행된다.

### 4. 다음 중 공공 서비스 디자인에 대한 설명으로 옳지 않은 것은?

① 서비스 디자인 방법을 공공 영역에 적용해 공공 서비스를 개발하는 과정이다.
② 공공 정책 개발도 공공 서비스 디자인 중 하나다.
③ 여러 이해관계자가 관여해 문제에 대해 함께 논의하는 과정이 이루어진다.
④ 공급자 입장에서 문제 해결을 위한 과정이 진행된다.

### 5. 다음 예문에서 설명하는 서비스의 특성에 해당하는 것은?

한겨울 삿포로의 아침은 매우 근사했다. 어린 시절을 떠올리면, 눈이 가득한 삿포로
숲길은 춥기보다 따뜻하게 느껴졌다. 최근 영화관에서 VR로 체험한 삿포로의 아침은
충분히 그 기억을 떠올리게 했다. 짧은 순간이었지만 내가 아는 삿포로를 충분히
경험할 수 있었다. 앞으로 VR을 떠올리면 오늘의 경험이 생각날 것 같다.

① 무형성          ② 이질성          ③ 불가분성          ④ 소멸성

### 6. 다음 [보기]에서 설명하는 경험의 요소에 해당하는 것은?

'뽀미'는 주의력결핍과잉행동장애(ADHD)Attention Deficit/Hyperactivity Disorder 환아의
실행 기능executive function 증진을 돕기 위한 음성 기반 디지털 헬스 서비스다. ADHD
환아는 하루에 4회로 약속한 일상생활 과업을 뽀미 에이전트와 진행한다. 일상생활
과업이란 ADHD 환아가 스스로 시작하고 끝을 내기 어려워하는 집중해서 공부하기,
내일 학교 갈 준비하기, 앉아서 아침밥 먹기 등을 포함한다.

① 유용성          ② 사용성          ③ 감성          ④ 의미성

# 2강 서비스 경험 디자인

## 서비스 경험 디자인의 구성 요소

| 접점 | 사용자가 서비스를 직·간접적으로 접하는 부분, 사용자가 서비스 경험 과정에서 거치는 모든 요소 |
| --- | --- |
| 아키텍처 | 시스템을 이루는 구조, 사용자나 맥락 등의 정보가 서비스에서 제공해줄 기능 또는 가치를 어떤 과정으로 주고받을 것인지 알 수 있음 |
| 모델 | 서비스가 지속적으로 운영되고 개선되는 데 필요한 사용자 참여 및 비즈니스 모델 |
| 전략 | 아키텍처와 모델을 통해 서비스가 사용자에게 제공하고자 하는 종합적 경험, 목적, 계획을 전달하는 것 |

접점, 아키텍처, 모델, 전략에 대한 피라미드

## 서비스 경험 디자인의 특징

▶ 시간의 흐름이 중요한 큰 축을 이룸
▶ 많은 이해관계자를 고려해야 함
▶ 서비스 후면의 시스템도 중요한 영역
▶ 사용자가 겪게 되는 서비스의 경험은 접점의 합

## 디자인 씽킹

디자이너가 생각하는 방식으로 문제를 창의적으로 해결하는 과정

### 디자인 씽킹의 특성

| 태도적 측면 | 모호성에 대해 관대한 경향 |
| --- | --- |
| 인지적 측면 | 해결 방안의 정답 여부에 관계 없이, 나만의 관점에서 해석 |
| 행동적 측면 | 직접 프로토타입으로 만들어보고, 경험해보며, 사용자의 입장에서 생각해보기 |

### 스탠포드 디.스쿨 Stanford d.school의 디자인 씽킹 프로세스

### IDEO의 디자인 씽킹 과정

## 서비스 경험 디자이너의 핵심 자질

| | |
|---|---|
| 공감 능력 | 서비스를 둘러싼 다양한 이해관계자의 입장에서 상황을 바라보아야 함 |
| 통합적 사고 능력 | 다양한 관점에서 문제를 바라볼 수 있어야 하며, 분석적이고 창발적인 사고가 필요 |
| 시스템 사고 능력 | 사용자의 시간을 고려한 정교한 행동 설계가 필요하기에, 여러 현상을 하나의 시스템을 통해 체계적·종합적으로 이해할 수 있어야 함 |
| 실험주의 | 실제 손으로 그려보고 만들어봄으로써 시각화하고 경험해보는 과정을 거칠 수 있어야 함 |
| 협업 능력 | 여러 전문가와 복잡한 문제를 해결해 나가므로, 그들과 함께할 수 있는 자세가 필요 |

## 서비스 디자인의 역사

| 1980년대 | ▸ 린 쇼스탁Lynn Shostack → 마케팅 시각에서 서비스 디자인의 개념을 소개<br>▸ 도널드 노먼Donald Norman → 사용자 중심 디자인의 개념 소개<br>▸ A. 파라슈라만A. Parasuraman → 서비스 품질 평가 도구인 서브퀼 개발 |
|---|---|
| 1990년대 | ▸ 서비스 디자인에 대한 개념 정의<br>▸ 리처드 뷰캐넌Richard Buchanan → 디자인 씽킹 접근 방식 소개<br>▸ 앵거스 젠킨슨Angus Jenkinson → 페르소나 개발<br>▸ IDEO: 고객 여정 지도 제시 |
| 2000년대 | ▸ 서비스 디자인 컨설턴트 회사 리브워크 설립<br>▸ 공공 부문 서비스 컨설턴트 회사 마인드랩 설립<br>▸ 영국 디자인협회Design Council → 더블 다이아몬드 모델 제안<br>▸ 서비스디자인학회 탄생 |
| 2010년대 | ▸ 비즈니스 모델 캔버스 소개 |

## 공동 창작co-creation

▸ 소비자, 생산자 및 관련 이해관계자들의 협력으로 가치를 창출하는 과정
▸ 모든 이해관계자가 디자인 과정에 참여해야 한다는 원칙
▸ 여러 이해관계자가 한 팀을 이루고 서비스 개발의 처음부터 끝까지 함께하는 것
▸ 각 주체 간의 상하 위계질서가 존재하지 않음
▸ 많은 이해관계자가 함께 의사소통하는 과정에서 서로에 대한 이해를 높일 수 있음

# 2강 예상 문제 ✓✗

## 1. 다음은 IDEO의 디자인 씽킹 프로세스다. ⑦–ⓒ에 들어갈 알맞은 말을 옳게 짝지은 것은?

발견 → ⑦ → 아이디어 만들기 → ⓒ → ©

|     | ⑦       | ⓒ        | ©        |
|-----|---------|----------|----------|
| ①   | 해석    | 실험하기 | 발전하기 |
| ②   | 공감하기| 실험하기 | 전달하기 |
| ③   | 해석    | 창작하기 | 발전하기 |
| ④   | 공감하기| 창작하기 | 전달하기 |

## 2. 다음에서 설명하는 서비스 경험 디자이너의 핵심 자질로 옳은 것은?

의류 도매 시장 A 상가는 도매 시장과 소매 시장이 섞여 있고 규모가 상당해, 처음 가보는
사람들이 특정 상점을 찾는 과정에 어려움을 겪는다. 이런 과정을 도울 수 있는 상점 내
지도 애플리케이션을 개발하려 한다. 애플리케이션 구성 전, 우리 팀은 종이에 상가 지도를
그린 뒤 스마트폰 크기로 만들어서 이해관계자들이 어떻게 사용하는지 경험해보았다.

① 공감 능력       ② 통합적 사고 능력       ③ 협업 능력       ④ 실험주의

## 3. 다음은 서비스 경험 디자인의 구성 요소 중 어떤 것에 대한 예시인가?

| 스마트폰 애플리케이션 화면 | 로봇 에이전트의 말소리 | 손으로 만져지는 점자 |
|---|---|---|

① 접점       ② 아키텍처       ③ 모델       ④ 전략

**4. 다음 중 공동 창작에 대한 설명으로 옳지 않은 것은?**

① 여러 이해관계자가 각자 할 일을 정하고 약속을 실행하는 과정이다.
② 모든 이해관계자가 디자인  과정에 참여하는 과정이다.
③ 각 주체 간의 상하 위계질서가 존재하지 않는다.
④ 여러 이해관계자의 협력으로 가치를 창출하는 과정이다.


**5. 다음은 서비스 경험 디자인 발전 과정에서의 몇 가지 주요 사건이다. 발생한 순서대로 옳게 나열한 것은?**

㉠ 영국 디자인협회: 더블 다이아몬드 모델 제안
㉡ 도널드 노먼: 사용자 중심 디자인의 개념 소개
㉢ 리처드 뷰캐넌: 디자인 씽킹 접근 방식 소개

① ㉠ → ㉡ → ㉢          ② ㉠ → ㉢ → ㉡
③ ㉡ → ㉢ → ㉠          ④ ㉡ → ㉠ → ㉢

# 3강 서비스 경험 디자인 프로세스

## 서비스 경험 디자인 프로세스의 특징

▶ 아이디어를 넓히는 발산diverge과 아이디어를 좁히는 수렴converge이 여러 차례 반복
▶ 통합적 사고 요구
⟫ 매력도desirability: 소비자가 마음에 들어 하는 것을 디자인해야 함
⟫ 실행 가능성feasibility: 기술적으로 구현할 수 있는 것을 디자인해야 함
⟫ 사업 가능성viability: 지속적인 비즈니스 모델로 성장할 가능성을 염두에 둬야 함

## 더블 다이아몬드 모델

▶ 서비스 경험 디자인 과정의 복잡한 단계를 쉽게 이해할 수 있게 표현한 방법론
▶ 2010년도에 영국 디자인협회에서 제안
▶ 아이디어의 발산과 수렴이 두 번 반복되는 모델
▶ 발견, 정의, 개발, 전달 과정을 통해 서비스가 구현됨

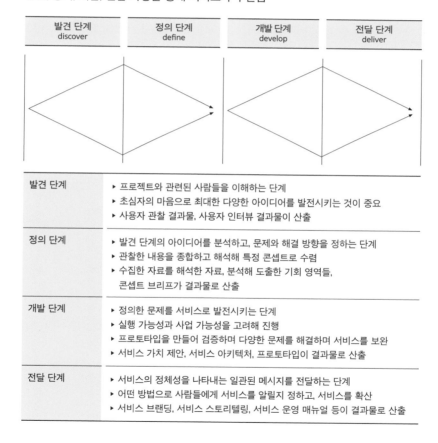

| 발견 단계 | ▶ 프로젝트와 관련된 사람들을 이해하는 단계<br>▶ 초심자의 마음으로 최대한 다양한 아이디어를 발전시키는 것이 중요<br>▶ 사용자 관찰 결과물, 사용자 인터뷰 결과물이 산출 |
|---|---|
| 정의 단계 | ▶ 발견 단계의 아이디어를 분석하고, 문제와 해결 방향을 정하는 단계<br>▶ 관찰한 내용을 종합하고 해석해 특정 콘셉트로 수렴<br>▶ 수집한 자료를 해석한 자료, 분석해 도출한 기회 영역들,<br>　콘셉트 브리프가 결과물로 산출 |
| 개발 단계 | ▶ 정의한 문제를 서비스로 발전시키는 단계<br>▶ 실행 가능성과 사업 가능성을 고려해 진행<br>▶ 프로토타입을 만들어 검증하며 다양한 문제를 해결하며 서비스를 보완<br>▶ 서비스 가치 제안, 서비스 아키텍처, 프로토타입이 결과물로 산출 |
| 전달 단계 | ▶ 서비스의 정체성을 나타내는 일관된 메시지를 전달하는 단계<br>▶ 어떤 방법으로 사람들에게 서비스를 알릴지 정하고, 서비스를 확산<br>▶ 서비스 브랜딩, 서비스 스토리텔링, 서비스 운영 매뉴얼 등이 결과물로 산출 |

## 서비스 경험 디자인의 툴키트 ·········································· 🗀

### AT-ONE 툴키트

▶ 서비스 디자인 프로세스의 초기 단계인 발견하기와 정의하기 단계에서
서비스 브랜드 전략과 일치하지만 고객 중심적인 솔루션을 개발할 수 있도록
개발된 툴키트

▶ 혁신 렌즈 A, T, O, N, E로 구성

| 구성 요소 | |
|---|---|
| 행위자들Actors | 행위자들의 새로운 조합을 구성 |
| 터치포인트Touchpoints | 서비스의 터치포인트를 추가 혹은 재설정 |
| 제공물Offerings | 서비스 브랜드 전략과 일치하는지를 확인해 제공물을 구상하고 개발 |
| 니즈Needs | 고객의 니즈를 파악하고 이에 적합한 방법을 탐색 |
| 경험Experience | 이상적인 서비스 경험을 정의하고 이에 대한 구상을 진행 |

### HCDHuman Centered Design 툴키트

▶ 사회 구성원의 니즈 및 행동을 이해하고 효과적으로 해결하기 위해,
조직적으로 실현할 수 있는 솔루션을 디자인하고 개발하도록 돕는 데 목적을 둠

▶ 핵심 원리: 적합성desirability, 실현 가능성feasibility, 지속성viability

| 핵심 단계 | |
|---|---|
| 듣기Hear | 사람들의 니즈와 경험 등을 듣고, 데이터로부터 디자인에 도움을 줄 인사이트 도출 |
| 창작하기Create | 워크숍 등을 통해 대상자들의 이야기를 공유하고, 데이터를 구조화해 기회 영역 발굴 |
| 전달하기Deliver | 실행 가능한 구체적 솔루션을 정립 |

# 3강 예상 문제 ✓✗

## 1. 우울증이 있는 아동을 위한 서비스를 개발 중이다. 제시된 [보기]와 같은 산출물은 아래 더블 다이아몬드 모델 중 어느 단계의 결과물과 관련이 있는가?

- 우울증 진단을 받은 아동이 학교에서 어떤 사람들과 이야기를 하는지 관찰한 자료
- 해당 아동이 집에서 어떻게 시간을 보내는지 촬영한 영상
- 아동의 부모가 아동에 대해 걱정되는 점을 인터뷰한 자료

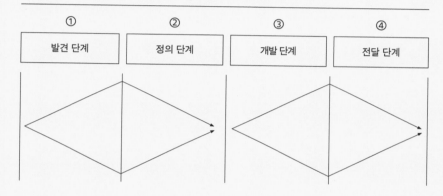

## 2. AT-ONE 툴키트의 구성 요소 중, T에 해당하는 사례로 옳은 것은?

①  심리 상담이 필요한 고객과 심리 상담사를 연결해주는 서비스
②  서비스에 더 쉽게 접근할 수 있도록 서비스 링크 외 QR코드를 사용
③  어린이에게 친구 같은 학습 도우미를 제공하기 위해 서비스에 음성 에이전트를 적용
④  청소년의 스트레스 해소 방법을 중학생 인터뷰를 통해 도출

## 3. 다음 중 더블 다이아몬드 모델에 대한 설명으로 적합하지 <u>않은</u> 것은?

①  2010년도에 영국 디자인협회에서 제안했다.
②  발견, 정의, 개발, 전달 과정을 통해 진행된다.
③  아이디어의 발산과 수렴이 꼭 두 차례 진행되어야 한다.
④  서비스 디자인 과정을 간략하게 보여주는 방법론이다.

**4. 다음은 통합적 사고의 3가지 요소에 대한 설명이다. ⊙–ⓒ의 각 명칭으로 적합한 것은?**

⊙ 소비자가 마음에 들어 하는 것을 디자인해야 함

ⓒ 기술적으로 구현할 수 있는 것을 디자인해야 함

ⓒ 지속적인 비즈니스 모델로 성장할 가능성을 염두에 둬야 함

|   | ⊙ | ⓒ | ⓒ |
|---|------|------|------|
| ① | 매력도 | 실행 가능성 | 사업 가능성 |
| ② | 매력도 | 사업 가능성 | 실행 가능성 |
| ③ | 사업 가능성 | 매력도 | 실행 가능성 |
| ④ | 실행 가능성 | 매력도 | 사업 가능성 |

# 발견 단계

# 4강 발견하기

## 발견 단계의 특징

▸ 서비스와 관련된 사람들을 이해하는 단계
▸ 서비스 주제와 팀 구성에 따라 많은 부분이 유연하게 변경될 수 있음
▸ 전혀 모르는 것이라 가정하고, 초심자의 마음으로 생각해야 함
▸ 대상에 대해 본인의 생각이 들어가지 않게 묘사만 하는 것이 적합한 마음가짐
▸ 원자료를 최대한 많이 모으는 것이 중요함

## 연구 방법론 비교

| | 양적 연구quantitative research | 질적 연구qualitative research |
|---|---|---|
| 특징 | 연역 논리deductive reasoning에 의한 추론<br>▸ 일반적 사실로부터 구체적 사실을 끌어내는 방법<br>▸ 실증적, 분석적 성격<br>▸ 결론이 참임을 증명할 수 있음 | 귀납 논리inductive reasoning에 의한 추론<br>▸ 개별적 사실에서부터 일반적 사실을 끌어내는 방법<br>▸ 해석적, 개연적 성격<br>▸ 새로운 지식 생성이 가능하다는 장점 |
| 유형 | 실험, 설문조사 | 관찰, 인터뷰 |
| 분석 | SPSS 등 통계 패키지를 활용해 설문 데이터 분석<br>(예: 우울증 환아 60명이 A 애플리케이션을 4주간 사용하는 실험을 진행하며 PHQ-9 Patient Health Questionnaire-9 설문지를 통해 실험 기간 전후에 우울 증상이 어떻게 변화하는지 확인했다.) | 근거 이론을 활용해 인터뷰 데이터 분석<br>(예: 우울증 환아가 어떤 상황에서 우울한 느낌이 더 많이 드는지 확인하기 위해 12명에 대한 심층 인터뷰를 진행하고 그 내용을 근거 이론을 통해 분석했다.) |

## 관찰

### 관찰 방법의 특징

▸ 발굴한 결과물은 디자인 과정에서 증거물로 활용됨
▸ 현재 사람들이 대상을 어떻게 인지하는지, 어떻게 표현하는지 확인 가능

### 관찰하기를 수행하는 방법

| 보기 | |
|---|---|
| 몰래 관찰하기fly on the wall | 관찰 환경에서 자신을 드러내지 않고 대상을 지켜보는 방법 |
| 타임랩스 비디오time-lapse video | 한 곳에서 비디오를 찍고, 빠른 속도로 돌려보는 방법 |
| 행동 매핑behavioral mapping | 사람들의 동선을 확인하고 움직이는 선을 그려보는 방법 |
| 행동 고고학behavioral archeology | 사람들의 흔적을 보고 경험을 추론하는 방법 |

**몰입하기**

| 하루 살아보기a day in the life | 관찰 대상자의 관점에서 하루를 살아보는 방법 |
| --- | --- |
| 가이드 투어guided tour | 서비스 제공자 혹은 잘 아는 사람에게 상세한 설명을 듣는 방법 |
| 섀도잉shadowing | 대상자 곁에서 그의 행동을 함께해보는 방법 |

## 인터뷰

### 인터뷰 종류

| 심층 인터뷰in depth interview | 인터뷰 대상의 속 깊은 이야기를 들을 수 있음 |
| --- | --- |
| 맥락 인터뷰contextual inquiry | 실제 환경 혹은 그와 유사한 공간에서 인터뷰 |
| 포커스 그룹 인터뷰focus group interview | 대상자 여러 명과 함께 밀도 있게 논의 |

## 맥락 인터뷰의 특징 ...........................................................🗀

▶ 대상자가 실제로 경험하는 장소에서 대상자의 경험과 상황을 동시에 관찰
▶ 사용자의 의사 결정 과정과 감정을 확인할 수 있음
▶ 대상자가 주도해 경험을 설명할 수 있게 해야 함
▶ 인터뷰 대상자와 함께 데이터를 분석하는 것이 가장 좋은 방법
▶ '어떻게'에 주목해 '왜' 그렇게 행동하고 생각했는지 물어봐야 함
▶ 씽크어라우드think-aloud를 활용해 생각나는 대로 입 밖으로 표현하게 하는 것이 좋음

## AEIOU 프레임워크 ...........................................................🗀

▶ 관찰 후 결과를 해석할 때 이용할 수 있는 연상 방법
▶ 일반적인 자료 수집을 위한 지침이 될 수 있음
▶ 각 요소를 설명하고, 요소 사이의 상호작용을 이해하는 것이 중요

### 5가지 구성 요소

| | |
|---|---|
| 활동Activity | 사람들이 얻고자 하는 것에 대한 행동 양식, 행동의 목표 |
| 환경Environment | 활동이 이루어지는 공간 |
| 상호작용Interaction | 사용자와 대상 사이에서 생기는 작용 |
| 대상Object | 주어진 환경 안에서 생겨나는 어떤 것들로, 그것이 무엇이고 어떻게 활동들과 연관이 있는지 생각해볼 수 있음 |
| 사용자User | 관찰이 요구되는 사람, 활동에 참여하고 환경에 있는 사람 |

## 환경 조사 ...........................................................🗀

| | |
|---|---|
| PEST 분석 | 정치적Politic, 경제적Economic, 사회적Social, 기술적Technology 관점에서 환경을 분석하고 전략을 수립하는 데 목적이 있음 |
| STEEP 분석 | 사회Social, 기술Technology, 경제Economic, 환경Environment, 정치Political trend 영역의 변화를 고려해 문제를 종합적으로 분석하는 접근 방법 |
| 3C 분석 | 자사Company, 고객Customer, 경쟁사Competitor로 기준을 나눠 상황을 분석하는 방법 |
| SWOT 분석 | 강점Strength, 약점Weakness, 기회Opportunity, 위협Threat 요인에 따라 경영 전략을 수립하는 방법 |
| 5세력5 forces 분석 | 산업 내 경쟁을 결정하는 요인을 공급자, 신규 진입자, 대체자, 구매자, 기존 경쟁자로 분석하는 방법 |

## 기술 수용 주기|technology adoption life-cycle ·············· 📁

▶ 에버렛 로저스Everett Rogers가 제품 수명 주기product life-cycle 모델과
소비자 집단의 유형을 결합해 분류한 모델

**5가지 소비자의 유형**

| | |
|---|---|
| 혁신 수용자innovators, 기술 애호가technology enthusiast | 선도 수용자, 신기술을 최초로 수용하는 사람들, 기술 그 자체를 이해하는 사람들 |
| 선각 수용자early adopters, 선각자visionary | 조기 수용자, 자신이 주목하는 기술의 잠재력을 이해하는 사람들 |
| 전기 다수 수용자early majority, 실용주의자pragmatists | 초기 대중, 전체 시장의 ⅓에 해당 |
| 후기 다수 수용자late majority, 보수주의자conservatives | 후기 대중, 새로운 기술에 두려움을 느낌 |
| 지각 수용자laggards, 회의론자skeptics | 말기 수용자, 새로운 기술이나 서비스에 거부감이 있음 |

## 리드 유저|lead user ················································· 📁

▶ MIT 교수인 에릭 폰 히펠Eric von Hippel이 정립한 개념
▶ 현재 시점에서 몇 달 후, 혹은 몇 년 후 시장에서 일반적인 욕구가 될 것을
미리 지닌 사용자를 의미함
▶ 시장 조사 과정에서 사용자의 욕구를 미리 확인할 수 있음
▶ 새로운 제품 콘셉트나 디자인 자료의 원천이 됨

## 연구 윤리와 IRB Institutional Review Board ·········································· 🗀

▶ IRB: 「생명윤리 및 안전에 관한 법률」(생명윤리법)에 따른 기관
생명윤리위원회(기관위원회)
▶ 인간을 대상으로 하는 모든 연구는 IRB 심의가 필요
   ▸▸ 인간을 대상으로 물리적으로 개입하거나 의사소통, 대인 접촉 등의
   상호작용을 통해 수행하는 연구
   ▸▸ 또는 개인을 식별할 수 있는 정보를 이용하는 연구

**지켜야 할 부분**
① 대상자들에게 동의받아야 함
② 대상자의 개인 정보를 보호해야 함
③ 대상자에게 연구의 위험 요소와 이익을 설명해야 함

# 4강 예상 문제 ✓✗

## 1. 제시된 예문의 추론 방법과 유사하지 않은 접근에 해당하는 것은?

소크라테스는 죽었다.
플라톤도 죽었다.
아리스토텔레스도 죽었다.
그들은 모두 인간이다.
따라서 모든 인간은 죽는다.

① 연역 논리에 의한 추론 방법이다.
② 실험 연구에 대한 해석에서 동일한 추론 방법이 적용된다.
③ 결론이 참임을 증명할 수 있다.
④ 새로운 가설을 개발할 수 있는 방법이다.

## 2. 다음 [보기]의 설명에 적합한 관찰 방법은?

A 건강검진센터에서는 스마트폰 애플리케이션을 통해 고객에게 건강검진 중 그 과정과
경로를 제공한다. 방문하는 고객들의 이동 경로와 스마트폰 사용 행태를 기록해보았더니,
초음파 검진 후 다음 장소로 이동하는 과정에서 많은 고객이 안내 데스크로 이동하거나
간호사에게 질문하는 것을 발견했다.

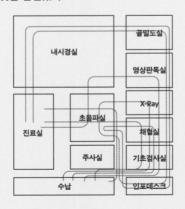

① 섀도잉    ② 하루 살아보기    ③ 행동 매핑    ④ 가이드 투어

**3. 새로운 서비스 콘셉트를 발굴하기 위해 리드 유저 인터뷰를 진행하려 한다. 다음 중 리드 유저에 대한 설명으로 옳지 않은 것은?**

①  전형적인 사용자stereotyped user에 속한다.
②  얼리어답터라고 할 수 있다.
③  제품의 부적절함을 해결하고 그들의 욕구를 회사에 건의하곤 한다.
④  파워블로거나 인플루언서는 리드 유저에 속한다.

**4. 사람들의 운전 경험에 대한 이해를 위해 맥락 인터뷰를 진행했다. 다음 중 맥락 인터뷰에 대한 설명으로 옳지 않은 것은?**

①  인터뷰 내용의 의미에 대해서 인터뷰이와 함께 분석한다.
②  인터뷰어가 주도해 인터뷰를 진행한다.
③  인터뷰이 소유의 자동차를 활용해 익숙한 길에서 인터뷰이가 주행했다.
④  인터뷰이는 주행 과정에서 자기 행동과 생각을 말로 설명했다.

**5. 관찰 조사 결과를 분석하는 AEIOU 프레임워크에 해당하지 않는 것은?**

① 활동          ② 환경          ③ 인사이트          ④ 대상

**6. 초등학교 입학과 함께 COVID-19를 경험한 어린이들의 일상생활 패턴을 확인하기 위해 다음과 같은 연구를 진행했다. 아래에 제시된 연구 방법과 가장 거리가 먼 연구 방법은?**

A 연구팀은 주말과 주중 생활에 대한 초등학교 어린이들의 일상 활동을 다이어리를 부모님과 함께 작성하게 했다. 그 행태를 종합해 도식화한 후 3년 전 어린이들의 생활 패턴과 비교해보았다.

①  초등학생 1,000명에 대한 설문조사를 진행해 학년별 차이를 비교한다.
②  초등학생 어린이 15명을 인터뷰해 그 내용을 분석한다.
③  초등학생 어린이의 그림일기 내용을 살펴보고 그 내용을 정리한다.
④  사이가 좋은 초등학생 어린이 3명과 그들의 부모님을 초대해 함께 인터뷰를 진행했다.

# 정의 단계

# 5강 발견 단계 결과 종합하기

## 정의 단계의 특징

▶ 발견 단계에서 얻은 관찰 결과의 주관적인 해석을 통해 의미 있는
콘셉트를 도출하는 단계

  ▶▶ 발견 단계의 프로세스: 결과물 정리 → 패턴 파악 → 콘셉트 도출

▶ 발견 단계의 내용을 종합하고 해석하며 줄여 나가서, 소수의 콘셉트로 수렴시키고자 함

▶ 하향식top-down이 아닌 상향식bottom-up 접근임을 염두에 두어야 함

## 클러스터링

### 클러스터링의 사고 단계

| | |
|---|---|
| 범주화categorization | 아이디어들을 분류하고 비슷한 것끼리 빨리 모으기 |
| 추상화abstraction | 분류된 아이디어의 내용을 아우르는 이름 붙여주기 |
| 비교comparison | 묶인 아이디어들을 비교하며 분류 기준의 적절성을 검증 |
| 통합integration | 추상화된 개념을 특정 조건이나 맥락에 따라 더 큰 카테고리로 묶어 통합하기 |

### 클러스터링 예시

#### 친화도법affinity diagram = KJ 다이어그램KJ diagram

▶ 동일 주제에 관한 다양한 아이디어나 자료를 종합해 유사성이나
연관성에 따라 재분류하고, 문제의 해결안을 제시

▶ 정보를 몇 개의 연관성 높은 그룹으로 분류하고 파악할 수 있음

▶ 보이지 않던 새로운 패턴을 파악할 수 있음

#### P.O.I.N.T.S.

▶ 문제Problems, 기회Opportunities, 인사이트Insights, 요구Needs, 테마Themes,
시스템 챌린지System challenges의 약어

▶ 위 6가지 요소를 고려하며 사고 범위 확장이 가능

▶ 토의나 발표 중 참여자들이 보고 듣고 생각하는 것을 능동적으로
포착할 수 있도록 함으로써, 풍부하게 사고할 수 있도록 도움

#### T.I.S.I.

▶ 테마Theme, 이슈Issue, 그래서So what?, 아이디어Idea의 약어

▶ P.O.I.N.T.S. 활동에서 도출한 테마를 더 확장하는 방법으로,
위 4가지 요소를 더 생각해야 함

## 지도

### 이해관계자 지도stakeholder map

▶ 서비스와 관련된 모든 관계자를 파악하기 위해 시각화한 지도
▶ 이해관계자를 나열하고 서로의 관계와 서비스 중심에서의 위치를 그려, 구역에 따라 분류
▶ 핵심 관계자 파악과 핵심 관계 파악에 도움이 됨

### 인센티브 지도incentive & disincentive map

▶ 사람들의 행동을 바탕으로 동기를 파악하는 방법
▶ 실제 상황에서 사람들이 특정 행동을 하게 되는 유인과 특정 행동을 피하는 유인을 정리
▶ 사람들의 행동을 변화시킬 수 있는 실마리가 무엇인지 파악할 수 있음
▶ 시스템 개선 방향에 관한 통찰력을 얻을 수 있음

### 타임라인 지도timeline map

▶ 시간의 흐름에 따라 관찰한 정보를 나열해 정리하는 방법
▶ 서비스의 시작과 끝 사이 여정을 파악하기 위해 사용
▶ 대상자의 일상적인 여정을 이해하고 통찰력을 얻는 데 유용함
▶ 시간에 따른 감정선을 그려봄으로써 사람들이 경험하는 불만 사항pain point을 찾고 기회 영역을 발견하는 데 도움 됨

### 사용자 여정 지도user ourney map

▶ 사용자와 서비스의 상호작용을 파악하는 데 도움이 되는 방법
▶ 구성 요소: 행동action, 목표goal, 접점, 느낌과 생각feeling & thought 등
　① 사용자의 행동을 단계화해 프로세스로 나타냄
　② 단계별 사용자의 감정 변화를 표시하고 불만 사항과 개선 요소를 확인
　③ 클러스터링했던 데이터의 묶음을 지도 위에 배치함으로써 구체적인 데이터를 확인
▶ 사용자의 행동에 따라 관찰한 자료를 구조화하는 특징이 있음

### 접점 지도

▶ 사용자와 서비스가 만나는 접점인 서비스 인공물service artifact 위주로 도식화한 지도
▶ 사용자가 어떤 접점에서 다른 사용자를 만나는지 확인 가능

## 페르소나

| 정의 | 제품 또는 서비스를 사용할 것 같은 집단의 특성을 지닌 가상의 인물 | |
|---|---|---|
| 특징 | ▸ 가상의 인물이지만, 실제 존재할 것 같은 실재감 있는 인물<br>▸ 페르소나에 대해 들었을 때 그 인상과 특징이 머릿속에 바로 그려지는 전형적인 인물<br>▸ 페르소나는 중요한 특징을 지니며 여러 페르소나 간 행동 패턴의 차이를<br>  분명히 보여줌 | |
| 역할 | ▸ 서비스 주체를 명확하게 해 서비스의 콘셉트를 구체화할 수 있음<br>▸ 페르소나에 맞게 클러스터링하면 주체를 구체화할 수 있음 | |
| 구성 요소 | 인물의 배경 | 페르소나의 인간화를 통해 실제 인물처럼<br>현실감 있게 표현하려는 의도 |
| | 설계 대상과의 관계 | 설계 대상과의 관계에 따라 다양한<br>페르소나 설정이 가능 |
| | 목적, 요구, 태도 | 설계 요구 사항을 도출하는 중요한 근거 자료 |
| | 특정 지식이나 능숙도, 친숙도 | 페르소나 설정에 필요한 요소 |

# 5강 예상 문제 ✓✗

1. 사용자와 서비스의 상호작용을 파악하는 것에 도움이 될 수 있게 다음과 같이 (A)를 개발했다. (A)에 대한 설명으로 옳지 않은 것은?

| 사용자 1<br>아빠, 김진현 씨, 45살, IT 개발 전문가 17년 차 | | | 사용자 2<br>딸, 김보현 양, 14살, 중학교 1학년 | | |

| 여정 타입 | 터치포인트: 집 안 현관 | | | 터치포인트: 집 안 현관 | | |
|---|---|---|---|---|---|---|
| | Mirror 사용 | 메시지 확인 | 메시지 작성 | Mirror 사용 | 메시지 확인 | 메시지 작성 |
| 세부<br>여정 단계 | 출근을 위해<br>현관에 섬 | 가족들의<br>얼굴이 나의<br>상 옆에 나옴 | 가족에게<br>한꺼번에<br>메시지를 남김 | 등교를 위해,<br>현관 앞에 섬 | 가족들의 얼굴이<br>나의 상 옆에<br>나옴 | 가족에게<br>한꺼번에<br>메시지를 남김 |
| | 얼굴, 옷 매무새<br>확인 위해<br>거울을 봄 | 메시지를 보낸<br>가족의 메시지가<br>들림 | 작성한 메시지를<br>확인 | 얼굴, 교복<br>매무새 확인 위해<br>거울을 봄 | 메시지를 보낸<br>가족의 메시지가<br>들림 | 현관문을 열고<br>등굣길에 나섬 |
| | 스마트미러가<br>나를 확인해<br>메시지를 줌 | | 현관문을 열고<br>출근길에 나섬 | 스마트미러가<br>나를 확인해<br>메시지를 줌 | | |
| 감정 타임라인<br>아빠 ●<br>딸 ○ | | | | | | |
| 불편한 점 | "아침 출근길이라<br>시간이 없다." | "메시지를<br>모아놓고 다음에<br>다시 듣고 싶다." | "메시지가<br>잘 전송되었는지<br>알 수가 없다." | "아침 출근길이라<br>시간이 없다." | "메시지를<br>모아놓고 다음에<br>다시 듣고 싶다." | "메시지가<br>잘 전송되었는지<br>알 수가 없다." |
| 문제점<br>개선 방안 | ① 인식 시간을<br>빠르게 만듦<br>② 스마트폰에서<br>서비스 이용하는<br>채널 강화 | APP에 메시지가<br>쌓이는 기능 설계 | ① 남긴 메시지를<br>확인할 수 있게<br>구성<br>② 가족이<br>확인하면<br>노티피케이션 됨 | 스마트미러 모드<br>on/off 기능 추가 | 이모티콘 등<br>간단하고 쉬운<br>표현 방법 | 가족 이미지로<br>칭찬, 격려 등의<br>표현 기능 |

감정 타임라인 그래프 (매우 좋음 / 좋음 / 보통 / 나쁨 / 매우 나쁨)

① 관찰 과정으로 파악한 정보를 잘 이해하기 위해 시각화하는 자료다.
② 두 명의 주사용자가 서비스를 사용하며 느끼는 감정과 생각을 확인할 수 있다.
③ 사용자의 행동을 단계적으로 파악할 수 있다.
④ 서비스와 관련된 모든 관계자를 파악하기 위해 시각화한 자료다.

**2. 개발 중인 서비스의 주사용자에 대한 (B)를 다음과 같이 작성했다. (B)에 대한 설명으로 옳지 <u>않은</u> 것은?**

김민규(10세) "다른 친구들처럼 칭찬받고, 스스로 잘하고 싶어요."

| 프로필 | ‣ 여동생(7세) 있음<br>‣ 초등학교 담임 선생님의 권유로 ADHD 검사를 받고, 얼마 전 진단을 받음<br>‣ 유튜브를 좋아함<br>‣ 엄마 잔소리에 민감하며 화가 나면 참지 못하고 소리를 지름<br>‣ 자신감이 없고, 자존감이 낮음 |
|---|---|
| 긴장과 갈등<br>tensions and conflicts | ‣ 숙제, 공부, 준비물 챙기기 등 해야 할 일을 잘 잊음<br>‣ 할 일을 하다가도 잊고 놀거나 게임을 함<br>‣ 어떤 일이든 시작하기 힘들고 집중하기도 어려움 |
| 목표와 역할<br>goals and roles | ‣ 다른 친구들처럼 숙제도 잘하고 칭찬받고 싶음<br>‣ 엄마와 싸우기 싫고, 동생처럼 잘 지내고 싶음<br>‣ 이번 학기 학급 회장을 하고 싶음 |
| 시나리오 | 아침에 눈 뜨기가 힘들다. 어젯밤에 늦게 자서인가. 엄마 잔소리가 또 시작된다. "일어났으면 빨리 씻어라, 밥 먹어라, 밥 먹고 왜 가만히 있냐" 아침부터 짜증이 난다. 학교 갈 때까지 또 시끄럽다. 얼른 나가야겠다. 학교에 갔는데, 이런... 오늘 체육 있는 날인지 모르고 축구화를 안 가져왔다. 또 선생님한테 혼나겠다. 역시나 또 친구들 앞에서 혼이 났다. 나는 왜 이럴까. 나도 현우처럼 안 혼나고 숙제도 잘해가고 칭찬받고 싶은데 왜 잘 안 될까. 친구들도 현우만 좋아하고 나는 별로 안 좋아하는 것 같다. 역시 나랑 학교는 안 맞나 보다. 배가 고프다. 얼른 집에 가서 간식 먹어야지. 집에 와서 냉장고의 빵을 꺼내 맛있게 먹는데 엄마의 불벼락이 또 시작이다. 신발을 가지런히 두는 거랑 책가방 놓는 걸 또 깜빡했다. 먹고 있는데 기분 나쁘게... 자꾸 화가 난다. 학교에서도 그렇고 집에서도 그렇고 왜 난 자꾸 혼나기만 하는 걸까. 멍청한가 보다. 민주랑 자꾸 비교하고, 민주도 밉다. 엄마도 밉다. 우리 집에서 나는 왜 사는 걸까? TV 보면서 조금만 쉬고 숙제하려고 했는데 잘 안 된다. 중간중간 자꾸 궁금한 게 생겨서 다른 책 찾아보거나 물어보면 엄마가 자꾸 화를 낸다. 엄마랑 숙제하는 건 지옥과 같다. |

① 서비스 기획자의 머릿속 창작을 통한 작업이다.
② 주사용자 외부사용자에 대한 작성도 진행하곤 한다.
③ 기술한 주사용자는 전형적인 인물이다.
④ 해당 과정으로 서비스 콘셉트를 구체화할 수 있다.

## 3. 다음 중 클러스터링의 사고 단계를 순서대로 나열한 것으로 옳은 것은?

㉠ 범주화   ㉡ 비교   ㉢ 추상화   ㉣ 통합

① ㉠ → ㉡ → ㉢ → ㉣          ② ㉠ → ㉢ → ㉡ → ㉣
③ ㉢ → ㉠ → ㉡ → ㉣          ④ ㉢ → ㉡ → ㉠ → ㉣

## 4. 다음 내용이 나타내는 서비스 디자인 방법은?

오전 7시 45분, "엄마 다녀올게! 학원 갔다 와서 간식 챙겨 먹고 이따 전화해." 엄마의 목소리를 듣고 잠에서 깼다. 혼자 일어나 세수하고 잠깐 소파에 앉았는데 잠이 들었다. 눈을 뜨니 8시 10분, 깜짝 놀라 엄마가 식탁에 차려놓은 아침을 못 먹은 채 어제 준비해둔 가방을 들고 집을 나선다.
8시 40분, 왁자지껄한 교실에 도착했다. 배가 매우 고팠지만 학교에서 먹은 것은 우유뿐. 가끔 있는 일이라 점심시간까지 버텨 보기로 한다. 10시, 국어 시간. 오늘은 받아쓰기 시험이 있다. 어제 엄마와 열심히 공부한 덕분에 받아쓰기 100점을 받았다. 기분이 좋았지만 수빈이는 세 개를 틀려 티를 낼 수가 없었다. 속으로 '엄마에게 말해야지!'라고 생각했다. 오후 1시, 음악 시간. 깜빡하고 소고를 챙겨오지 않았다. 내가 엄마한테 말했던 거 같은데, 안 한 건가? 엄마도 알림장을 못 봤나? 깜빡했나 보다. 우린 둘 다 바쁘니까.
2시, 수빈이와 하굣길에 헤어지고 엄마에게 전화를 했다. '받아쓰기 말해주고 소고 얘기도 해줘야지!' 그런데 엄마가 전화를 받지 않는다. 또 회의인가 보다. 아빠에게 전화했지만 아빠도 바쁜지 금방 끊으려 하고 '어 그래, 이따 보자' 하고 만다. 나는 열심히 했는데 아무도 나를 몰라준다.
5시 30분, 민정이와 분식집에서 컵 떡볶이를 먹었다. 엄마에게 전화가 왔는데 가방에 폰이 있어서 못 받았다. 6시, 엄마에게 전화가 왔다. 간식을 먹으라고 해서 알겠다고 했다. 또 떡볶이다. 방금 먹고 왔는데 엄마는 바보다. 먹기 싫어서 안 먹고 그냥 뒀다.
7시, 엄마가 왔다. 반가운 마음에 불렀는데, 엄마는 오자마자 떡볶이를 안 먹고 식탁에 뒀다고 혼을 냈다. "냉장고에라도 넣어놨어야지!" 기분이 좋지 않다. 거기에 숙제도 안 하고 슬라임 가지고 놀았다며 화를 냈다. 받아쓰기 100점 맞은 것도 말하고 싶었는데, 지금은 말을 못 하겠다. 8시, 아빠가 또 야근이라서 엄마랑 둘이 밥을 먹다가 받아쓰기 얘기를 해줬다. 신이 나서 말했는데, 엄마는 아빠처럼 당연하게 생각한다. 대신 엄마가 주말에 캠핑 가자고 이야기했다. 오랜만에 가서 신난다!
8시 30분, 엄마와 함께 숙제했다. 모르는 것을 엄마에게 물어봤는데 왜 이걸 모르냐고 나한테 묻는다. 솔직하게 말하면 혼나니까 모르는 걸 안다고 할 때도 있다. 9시, 아빠가 집에 왔다. 받아쓰기 얘기는 까먹은 것 같다. 씻고 밥 먹고 있다. 10시 30분, 알림장을 확인했다. 내일 준비물은 파스텔이네! 엄마에게 챙겨달라고 말해야 하는데, 엄마가 아빠랑 쓰레기 버리는 것으로 싸우고 있어서 말을 못 했다. 그러다가 졸려서 잠이 들었다. 파스텔...

① 블루프린트      ② 페르소나      ③ 프로토타입      ④ 친화도법

**5.** 다음은 산모일기 애플리케이션을 사용하는 산모 사용자의 사용자 여정 지도의 예시이다. ㉠~㉢에 해당할 말로 옳은 것은?

| 단계 | 초기 세팅 | 서비스 사용 | | | |
|---|---|---|---|---|---|
| 행동 | 개인 정보 입력, 가족 구성원 초대 | 산모일기를 작성 | 임신 주기별 관련 콘텐츠 열람 | 심리 상태, 건강 상태 정보 확인 | 산부인과 연동 시스템으로 일정 확인 및 예약 |
| ㉠ | 가족들이 임신한 나를 신경 써주면 좋겠다. | 소중한 경험을 기록하고 싶다. | 지금 필요한 정보를 바로 확인하고 싶다. | 나의 심리, 건강 상태가 괜찮은지 확인받고 싶다. | 병원에서 기다리는 시간 없이 바로 진료받고 싶다. |
| ㉡ | 초대 기능이 카카오톡과 비슷해서 익숙하다. 사용하게 됐으니 유용하면 좋겠다. | 스마트폰으로 작성하려니 불편하다. | 주기적으로 정보를 제공해 편리하다. 콘텐츠 분류가 잘되어 있어 유용하다. | 지금 상황과 앱에서 제공하는 정보가 일치해 신기하고 유용하다. | 나의 건강, 심리 상태에 맞춰 예약할 수 있어서 편리하다. |
| 기능 | 병원에 기입한 기본 정보가 자동으로 서비스에 반영됨<br><br>카카오톡 같은 초대 시스템 | 웹에서 작성하고 스마트폰으로 보내는 시스템 | 한눈에 보기 좋은 콘텐츠 제작 | 정확한 건강·심리 정보 데이터 산출 | 예약 시스템 구축<br><br>캘린더 형태<br><br>산모의 정기 검진을 고려한 개인 맞춤형 |
| ㉢ | 앱 초기 화면 (회원 가입 화면, 초대 화면) | 앱 산모일기 작성 화면 | 앱 내 콘텐츠 게시판 | 산모 심리, 건강 상태 확인 화면 | 앱 내 예약 화면 |
| 여정 | 서비스에 가입 후 남편을 등록하고, 전화번호도 입력했다. 내게 큰 문제가 있으면 남편에게 연락해준다고 한다. 약간 미심쩍었지만 초대 과정이 수월했고, 기왕 쓰게 된 거 나와 아이에게 유용했으면 좋겠다. | 서비스의 기능을 확인해보며 산모일기를 써보았다. 임신 후 몸에 변화가 생기는 것 같아 관련 콘텐츠를 보다 잠이 들었다. 몸에 변화가 생기며 예민해져서인지 잠자리가 불편했고, 그 상태로 출근하게 되었다. 오전 회의 중에 팀장님께 안 좋은 소리를 듣고, 업무마저 피곤하게 느껴진다. 오후 업무 중 웨어러블의 진동 알람에 앱의 건강&심리 상태 확인 창을 보니, 심박수와 수면 패턴이 불안정하고 스트레스도 높다고 나왔다. | | 건강&심리 상태 확인 창을 보고, 큐레이팅된 콘텐츠를 확인해보았다. 임신 4개월 차에는 예민해지고 감정 기복이 심해지는 게 자연스러운 현상이라고 한다. | 콘텐츠를 보니 스트레스를 줄여줄 만한 방법까지 나와 있었으나, 혹시나 하는 마음이 든다. 서비스에 연계되어 있는 병원에 상담받아 보고자 내 상태를 공유했다. 병원 일정 조정까지 가능하길래 내일 오후로 예약했다. |

| | ㉠ | ㉡ | ㉢ |
|---|---|---|---|
| ① | 동기 | 감정 | 물리적 증거물 |
| ② | 핵심 성과 지표 | 감정 | 목표 |
| ③ | 핵심 성과 지표 | 강점 | 물리적 증거물 |
| ④ | 동기 | 강점 | 목표 |

# 6강 발상과 콘셉트 브리프

## 발상 단계의 특징

▶ 발견 단계에서 수집한 자료를 해석해 도출해낸 프레임워크와 목표 사용자에
   대한 이해를 바탕으로, 다양한 기회 영역 중 집중하는 부분에 관한
   새로운 콘셉트를 도출하는 과정
▶ 다양한 이해관계자와 함께 공동 창작 진행

## 콘셉트 브리프 도출의 4가지 과정

| | |
|---|---|
| 1 | 클러스터링 결과물로 각 테마에서 '기회 영역'을 만듦 |
| 2 | 각각의 기회 영역에서 '가능한 해결책'을 최대한 많이 도출 |
| 3 | 중요성과 효과성을 고려해 해결책 중 '우선순위 설정' |
| 4 | 우선순위가 높은 해결책에서 실행 가능한 '콘셉트' 도출 |

### 1. 기회 영역 만들기: HMW 방법

▶ 다양한 기회 영역을 도출하는 방법
▶ '우리가 어떻게How Might We'로 시작하는 질문을 던짐
   (예시: '어떻게 하면 이런 점을 해결할 수 있을까?' '이렇게 하면 어떨까?' 등)
▶ 잠재적인 결론을 지닌 질문은 적합하지 않음
▶ 최대한 많은 질문을 만들기
▶ 서비스 페르소나의 입장이 되어 생각해 보기

### 2. 가능한 해결책 도출하기: 브레인스토밍

▶ 구체적 해결책을 마련하는 방법
▶ 참여를 장려하는 분위기에서 진행되어야 창의성을 발휘할 수 있음
▶ 아이디어에 대한 가치 판단을 보류하고, 엉뚱한 아이디어를 장려할 것
▶ 다른 사람의 아이디어를 기반으로 쌓아 올릴 것

### 3. 우선순위 설정과 리클러스터링

▶ 아이디어를 정리하고 우선순위를 설정하는 리클러스터링 작업
▶ 아이디어들을 비슷한 것끼리 묶어 정리 작업을 진행
▶ 비현실적인 아이디어는 제거, 이해가 안 되는 아이디어는 더 구체적인 것으로 대체
▶ 기회 영역의 질문을 다시 확인하고 중요한 질문이 모두 해결되었는지 생각해볼 것

## 4. 콘셉트 브리프 작성

▶ 콘셉트: 제품이나 서비스가 사용자에게 어떤 경험을 제공할 수 있는지 설명하는 것

**좋은 콘셉트의 특징 3가지**

| | |
|---|---|
| 무결성integrity | 특정 콘셉트가 서비스의 특징을 얼마나 조화롭게 설명할 수 있는지 |
| 차별성distinctiveness | 기존의 서비스나 다른 서비스와 비교할 때 어떤 점이 두드러지는지 |
| 집중성focus | 해당 서비스 콘셉트가 사용자에게 제공하려는 게 사용자의 욕구와 요구에 집중되어 있는지 |

## 구성 요소

| 기억하기 쉬운 문구 | 문구에 대한 부연 설명 | 서비스 구상 스토리 | 간단한 스케치 |
|---|---|---|---|

## 충실도fidelity에 따른 구분

| 낮은 충실도<br>로우피델리티low-fidelity | 중간 충실도<br>미드피델리티mid-fidelity | 높은 충실도<br>하이피델리티high-fidelity |
|---|---|---|

# 6강 예상 문제 ✅❌

**1. 자기보호아동에 대한 서비스 개발 중, 아래 내용처럼 (A)를 진행해 콘셉트 브리프를 제작했다. 이 과정에 대한 설명으로 옳지 않은 것은?**

| Q. 자기보호아동이 집에 혼자서도 잘 있을 수 있게 돕는 서비스 | | | | | | | |
|---|---|---|---|---|---|---|---|
| 어떻게 하면 아이가 투두 리스트를 잘 수행할 수 있을까? | | 어떻게 하면 아이에게 관심 정보를 알려줄 수 있을까? | | 어떻게 하면 붓이 아이를 잘 알 수 있을까? | | 어떻게 하면 아이의 말 상대가 되어줄 수 있을까? | |
| 붓에 일정 관리 기능 추가 | | 붓이 아이에게 물어보거나 아이의 행동 정보 추출 | | 말로 하는 일기 기록 | 믿음직한 관계 형성 | 메타포 적용 '빙봉' | |
| 알람 | 메시지 | 부모가 입력 | 아이가 입력 | 아침 | 애착 빙봉 | 경청 | 믿음 |
| 자동 OFF | | 이전 대화 | 로그 데이터 | 자기 전 | 이전 대화 | 사회적 현존감 ↑ | |

① (A)는 HMW 방법으로 진행되었다.

② 논리적인 의견을 선별하는 것이 중요하다.

③ 아이디어의 구현 가능성에 의해 질문을 제외하지 않는다.

④ 실제 이해관계자가 이 과정에 참여하면 진정한 니즈를 확인할 수 있다.

---

**2. 아래 예시는 A사에서 기획 중인 트래킹 서비스에 대한 (B)이다. 사용자에게 어떤 경험을 제공할 수 있는지 설명하는 자료인 (B)를 설명하는 용어는?**

① 콘셉트 브리프    ② 페르소나    ③ 블루프린트    ④ 사용자 여정 지도

## 3. 다음 중 브레인스토밍의 원칙에 해당하지 <u>않는</u> 것은?

① 엉뚱하고 터무니없는 아이디어를 낼 수 있게 장려한다.
② 다른 사람의 아이디어보다 내 아이디어의 채택을 위해 노력한다.
③ 많은 이해관계자들이 집중해 아이디어를 한번에 쏟아낼 수 있게 한다.
④ 가치 판단을 보류하고 자유롭게 아이디어를 내놓는다.

## 4. 다음 [그림]은 서비스 디자인 프로세스를 더블 다이아몬드 모델로 설명한다. (C)에 해당하는 내용으로 적절한 것은?

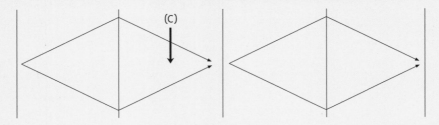

① 실행 가능성과 사업 가능성을 고려하기 시작하는 단계다.
② 관찰한 내용을 종합하고 해석해 특정 콘셉트로 수렴시키는 단계다.
③ 프로젝트와 관련된 사람들을 이해하는 단계다.
④ 서비스의 정체성을 나타내는 일관된 메시지를 전달하는 단계다.

# 개발 단계

# 7강 새로운 서비스 윤곽 잡기

## 개발 단계의 특징

▶ 서비스를 통해 앞서 정의한 문제를 전달하기 위한 발전 단계

▶ 서비스의 프로토타입을 만들어 검증하고, 개발 시 나타나는 다양한 문제점을
해결하며 서비스를 보완

## 사용자 여정 지도

▶ 특정 사용자(페르소나 또는 하나의 사용자 유형)가 서비스와 상호작용하는
접점을 바탕으로, 처음 사용하는 초기 접점에서부터 서비스가 완료되는
전체 경험 과정을 순차적으로 시각화

▶ 사용자 관점에서 경험에 영향을 미치는 사용자의 니즈, 불만 사항 등의
요인에 대한 수준 높은 이해를 제공

| | |
|---|---|
| 여정의 단계 구성하기 | 사용자 행동의 주요 과정을 시간의 흐름에 따라 배열 |
| 여정 단계별 감정 작성하기 | 여정에 따라 사용자가 느끼는 감정, 생각, 행동을 표기하고 그 이유를 함께 기록 |
| 문제점 및 개선점 작성하기 | 어디에서 구체적으로 어떤 문제점이 발생하는지, 좋은 지점을 극대화하기 위해 앞뒤 여정을 어떻게 개선하면 좋을지 작성 |

## 경험 지도experience mapping

▶ 일반적인 사람들이 처음부터 끝까지 특정 목적을 달성하기 위해
수행한 전체 경험을 시각화하는 것

▶ 사용자 여정 지도와 달리 특정 서비스에 국한되지 않은 일반적인
사람들의 관점, 태도, 행동 등을 반영

▶ 서비스 또는 제품과 무관한 기본적이고 일반적인 경험, 일반적인 행동을
이해하기 위한 목적으로 활용

## 공감 지도empathy mapping

▶ 서비스 디자인의 시작 단계에서 사용되며, 사용자 인터뷰를 통해
특정 과업에 대한 사용자의 관점, 태도, 행동, 느낌을 시각화

▶ 사용자 여정 지도, 경험 지도와는 달리 시간순으로나 순차적으로 시각화하지 않음

▶ 각각의 페르소나 또는 사용자 유형에 하나의 공감 지도를 매핑해 생성

▶ 특정 사용자에 대한 마인드셋mindset을 공유하고, 사용자 유형의 충분한
이해를 도우며, 의사결정을 돕기 위한 도구로 사용

## 서비스 청사진(블루프린트blueprint)

▶ 서비스를 구성하는 모든 요소(사람, 물리적 또는 디지털 증거물, 프로세스 등) 사이의 관계를 사용자의 서비스 여정 내에서의 접점을 중심으로 시각화한 것으로, 사용자 여정 지도의 연장선상으로 보기도 함

▶ 가시화 영역front stage에서는 서비스가 제공되기 위해 필요한 사용자와 직접 상호작용하는 제공자의 행동, 사람, 물리적 증거 등의 접점이 여정 지도와 같이 시간의 흐름에 따라 표시됨

▶ 비가시화 영역back stage에서는 고객과 직접 상호작용 하지는 않지만 고객에게 전달되는 서비스 접점들을 위한 제공자의 활동과 사람, 물리적 증거들이 표현됨

▶ 각 단계의 흐름, 서로 간의 관계 및 의존성을 화살표를 통해 연결해 도식화

### 구성 요소

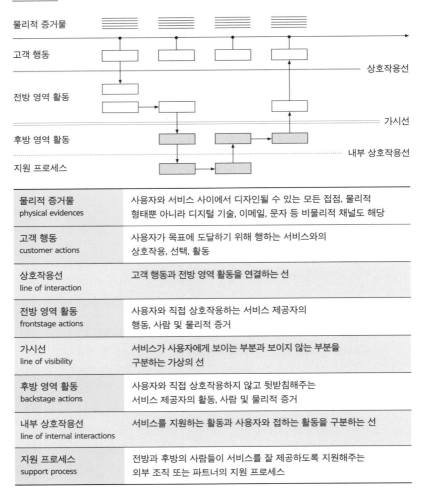

| 물리적 증거물<br>physical evidences | 사용자와 서비스 사이에서 디자인될 수 있는 모든 접점, 물리적<br>형태뿐 아니라 디지털 기술, 이메일, 문자 등 비물리적 채널도 해당 |
|---|---|
| 고객 행동<br>customer actions | 사용자가 목표에 도달하기 위해 행하는 서비스와의<br>상호작용, 선택, 활동 |
| 상호작용선<br>line of interaction | 고객 행동과 전방 영역 활동을 연결하는 선 |
| 전방 영역 활동<br>frontstage actions | 사용자와 직접 상호작용하는 서비스 제공자의<br>행동, 사람 및 물리적 증거 |
| 가시선<br>line of visibility | 서비스가 사용자에게 보이는 부분과 보이지 않는 부분을<br>구분하는 가상의 선 |
| 후방 영역 활동<br>backstage actions | 사용자와 직접 상호작용하지 않고 뒷받침해주는<br>서비스 제공자의 활동, 사람 및 물리적 증거 |
| 내부 상호작용선<br>line of internal interactions | 서비스를 지원하는 활동과 사용자와 접하는 활동을 구분하는 선 |
| 지원 프로세스<br>support process | 전방과 후방의 사람들이 서비스를 잘 제공하도록 지원해주는<br>외부 조직 또는 파트너의 지원 프로세스 |

# 7강 예상 문제 ✅❌

## 1. 다음에서 설명한 서비스 경험 디자인 방법의 명칭으로 적합한 것은?

▸ 서비스를 사용하는 프로세스를 시간순 또는 순차적으로 시각화
▸ 사용자가 느끼는 불편함과 즐거움을 유발하는 접점을 찾아내기 위해 사용
▸ 특정 과업에 상호작용하는 접점을 바탕으로 사용자의 전체 경험, 마인드셋,
  생각, 감정 등을 반영해 시각화

① 사용자 여정 지도　　② 경험 지도　　③ 공감 지도　　④ 서비스 청사진

## 2. 다음은 서비스 청사진에 대한 [그림]이다. 빈칸에 들어갈 서비스 청사진의 구성 요소를 올바르게 짝지은 것은?

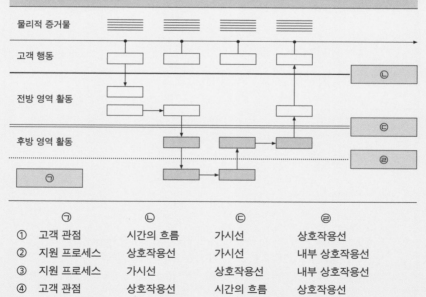

| | ㉠ | ㉡ | ㉢ | ㉣ |
|---|---|---|---|---|
| ① | 고객 관점 | 시간의 흐름 | 가시선 | 상호작용선 |
| ② | 지원 프로세스 | 상호작용선 | 가시선 | 내부 상호작용선 |
| ③ | 지원 프로세스 | 가시선 | 상호작용선 | 내부 상호작용선 |
| ④ | 고객 관점 | 상호작용선 | 시간의 흐름 | 상호작용선 |

**3. 다음 [그림]의 서비스 청사진은 목소리 기반 매칭 애플리케이션 서비스의 예시다. 보기의 유형 중 옳은 것은?**

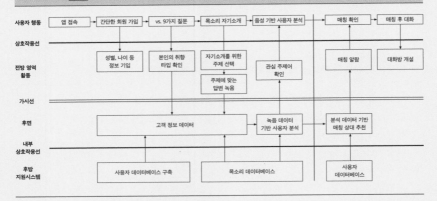

①  서비스 전면과 초반부가 중요한 서비스
②  서비스 전면과 후반부가 중요한 서비스
③  서비스 후면과 초반부가 중요한 서비스
④  서비스 후면과 후반부가 중요한 서비스


**4. 다음 [그림]이 설명하는 서비스 경험 디자인 지도 제작 시 고려해야 할 내용으로 옳은 것은?**

| 시간 | 사용 전 | 사용 중 | 사용 후 |
|---|---|---|---|
| 행동 | 쇼핑몰 사이트 클릭함 | 원하는 제품을 검색함 | 원하는 제품을 찾지 못함 |
| 생각·관점 | 제품 구매를 희망함 | 특정 제품의 구매를 기대함 | 제품 구매 실패로 실망함 |
| 감정 | | | |

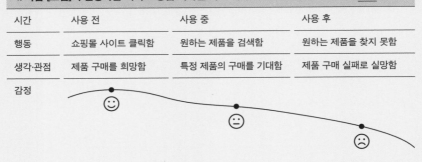

①  사용자의 경험을 이해하고, 사용자에게 제시할 수 있는 다양한 아이디어를 발산한다.
②  사용자의 관점, 태도, 행동을 반영하며 시간순, 순차적으로 시각화하지 않는다.
③  특정 페르소나가 아닌 서비스와 관련된 일반적인 인간 행동을 이해하기 위해 사용한다.
④  서비스에 대한 이해를 위해 서비스 청사진 이후에 사용하는 것이 바람직하다.

# 8강 새로운 서비스 구체화하기

## 프로토타입

▶ 서비스 디자인 프로세스를 통해 제시된 모델을 구체적으로 구현해 시장에
선보이기 전, 타당성이나 시뮬레이션 검토를 진행하는 것
▶ 실제 제품 출시 전에 적은 시간, 노력, 비용으로 서비스 디자인과 개발 과정에서
발생할 수 있는 실수를 찾아내고, 문제점을 조기에 발견할 수 있도록 도와
재개발 비용을 감소시킬 수 있음
▶ 충실도와 적용 시기에 따라 여러 유형으로 분류

### 충실도에 따른 분류

| | |
|---|---|
| 낮은 충실도 프로토타입<br>low-fidelity prototype | 초기 서비스 디자인 프로토타이핑 시 서비스 콘셉트를 신속하고<br>빠르게 검증하기 위해 사용(디자인 프로세스의 스케치, 초기 서비스<br>스토리보드 등) |
| 높은 충실도 프로토타입<br>high-fidelity prototype | 완성된 서비스 콘셉트를 효과적으로 전달하고 검증하기 위한<br>목적으로 사용(디지털 프로토타이핑digital prototyping) |

### 반영하는 깊이와 폭에 따른 분류

| | |
|---|---|
| 수평적horizontal 프로토타입 | 서비스의 다양한 기능을 폭넓게 담는 것을 고려해 프로토타입 작성 |
| 수직적vertical 프로토타입 | 개발 과정에서 핵심적으로 다루어야 할 주요 기능만을 깊이 있게 구현 |

### 스토리보드storyboard

▶ 최종 아이디어를 서비스로 만들기 전, 서비스가 어떻게 활용될지 사용 과정을
이야기의 형태로 구성하는 것
▶ 스토리보드의 기본적인 이야기 구성: 설정(사용자와 문제 소개),
대립(문제 발생 상황과 해결 아이디어의 적용), 해결(긍정적 경험의 변화)
▶ 스케치나 사진 등의 이미지를 사용해 알기 쉽게 시각화

### 서비스 시연service staging

▶ 상황극의 형태로 시연해 보면서 시나리오와 프로토타입을 실제로 경험해 보는 것
▶ 고객 여정 시나리오를 시뮬레이션하며 서비스가 현실화되면 생길 수 있는
상황이나 감성적 요인 등에 의한 고객 경험을 관찰할 수 있음

### 데스크톱 워크스루desktop walkthrough

▶ 책상 위에 서비스 환경을 작은 모형으로 구현하고 실제처럼 재현해 살펴보는 방법
▶ 서비스를 시뮬레이션해보며 역할이나 동선 등 구성 요소나 상황들을
반복해 테스트할 수 있음

## 프로토타입 평가

▶ 실제 구현 단계에 들어가기 전에 프로토타입에 문제가 없는지 살펴보고,
사용자와 이해관계자들을 대상으로 서비스 아이디어와 콘셉트를 테스트해
피드백을 얻고, 사람들의 기대치와 일치할 때까지 다시 테스트하는
과정을 거쳐 서비스를 검증
▶ 프로토타입은 서비스 디자인 프로세스의 단계에 따라 활용 목적과 충실도,
제작 효율에 따른 도구, 프로토타입 평가 방법 및 목적이 달라질 수 있음
▶ 완성도와 적용 시기에 따라 여러 유형으로 분류

## 사용성 평가usability test

▶ 사용자의 관점에서 제품, 서비스, 시스템을 사용하는 인터페이스의 사용성을
향상하기 위해 평가하는 활동

### 사용성이란

▶ ISO 9241-11에 따르면, 사용자가 특정 사용 맥락에서 목표한 바를 효과적이고,
효율적으로, 만족스럽게 달성할 수 있도록 하는 것

| | |
|---|---|
| 효과성system effectiveness | 시스템이 사용자의 목적을 얼마나 충실히 달성하는가? |
| 효율성system efficiency | 사용자가 과업을 달성하기 위해 투입한 자원과 그 효과 간의 관계 |
| 만족도system satisfaction | 사용자가 시스템을 사용하면서 기대했던 것에 비해 얼마나 만족했는가? |

### 사용자 평가user test

▶ 관찰, 인터뷰, 기록 분석 등의 방법이 주로 활용
▶ 제작자 관점을 배제하고 최대한 사용자 관점에서 진행
▶ 실제 사용자를 참여시켜 참여자에게 과업task을 부여하고, 참여자가 이를 수행하는
일련의 과정을 관찰해 분석

### 전문가 평가expert review

▶ 전문가의 지식, 경험, 노하우를 기반으로 서비스를 평가해 문제점 및 개선점 제시
▶ 제이콥 닐슨Jakob Nielsen의 휴리스틱 평가 10원칙 가이드라인을 바탕으로
사용자 인터페이스 평가

## 휴리스틱 평가heuristic evaluation ·············································· 🗀

▶ 서비스의 성능과 품질이 적절한지 평가하는 발견적 조사 방법

▶ 전문가의 지식, 경험, 노하우로 빠르게 서비스를 평가해 문제점 및 개선 방향을 제시

▶ 서비스 디자이너, 사용자 경험 디자이너, 사용성 전문가, 사용자 인터페이스 전문가,
정보 구조 전문가 등 5~10명 내외의 전문가가 서비스 품질과 가치의 관점에서
전문적인 지식과 경험을 기반에 두고 평가

▶ 가장 일반적인 품질 측정 방법으로 사용

| 제이콥 닐슨의 휴리스틱 평가 10원칙 |
| --- |
| 1  사용자에게 시스템의 현재 상태를 시각화해 보여준다. |
| 2  현실 세계와 부합되도록 시스템을 설계한다. |
| 3  사용자에게 적절한 통제권을 부여한다. |
| 4  일관성과 표준성을 높인다. |
| 5  오류를 미연에 방지할 수 있도록 설계한다. |
| 6  사용자가 직관적으로 시스템을 사용할 수 있게 한다. |
| 7  사용자가 효율적이고 유연하게 사용할 수 있도록 한다. |
| 8  심미적이고 간결한 시스템 디자인을 제공한다. |
| 9  오류 발생 시 사용자 스스로 문제를 파악하고 수정할 수 있도록 설계한다. |
| 10  사용자에게 충분한 도움말을 제공한다. |

## 오즈의 마법사wizard of OZ ·············································· 🗀

▶ 아직 완성되지 않은 시스템 및 인터페이스를 설계하고자 할 때, 혹은 가설을
빠르게 검증할 수 없거나 데이터 및 기술이 완벽하지 않은 인공지능 프로젝트에서
많이 활용되는 프로토타이핑 방법

▶ 보이지 않는 공간behind the screen에 마법사wizard 역할을 하는 사람human operator이
상주해, 수행 업무마다 상황에 필요한 프로토타이핑을 신속하게 제공함으로써
시스템이나 서비스의 기능을 테스트

▶ 사용자에게 시스템의 목적과 기능에 대한 시나리오를 기반으로 프로토타이핑을
진행해 발전적인 결과를 도출

# 8강 예상 문제 ✓✗

---

**1. 다음 중 서비스를 개발하기 위한 프로토타이핑의 유형을 옳게 짝지은 것은?**

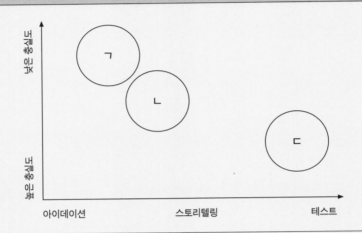

| | ㉠ | ㉡ | ㉢ |
|---|---|---|---|
| ① | 서비스 시연 | 디지털 프로토타이핑 | 스토리보드 |
| ② | 서비스 시연 | 스토리보드 | 디지털 프로토타이핑 |
| ③ | 스토리보드 | 디지털 프로토타이핑 | 서비스 시연 |
| ④ | 스토리보드 | 서비스 시연 | 시간의 흐름 |

---

**2. 다음 중 스토리보드에 대한 설명으로 옳지 않은 것은?**

① 사용자에 대한 문제 상황과 해결 방안을 구체적으로 나열한다.

② 서비스 콘셉트를 검토하는 것이 목적으로, 낮은 충실도의 프로토타입에 속한다.

③ 웹 프로젝트 개발 시 스토리보드는 와이어프레임을 기반으로 표현된다.

④ 이해관계자가 겪는 모든 문제 상황을 전달하는 자료로 활용된다.

## 3. 다음 [보기]가 설명하는 프로토타이핑 방법으로 옳은 것은?

사용자들이 실제 개발되지 않은 서비스를 실존하는 서비스처럼 착각하게 해 테스팅을
진행하는 방법이다. 테스팅 공간 뒤에서 전문가가 스위치를 누르는 등 시나리오를
진행하는 프로토타이핑 요소를 적절히 제공한다.

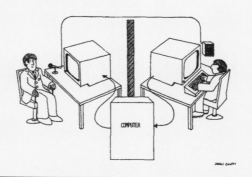

① 오즈의 마법사 　　② 서비스 시연

③ 서비스 모형 　　④ 높은 충실도 프로토타입

## 4. 다음은 사용성 평가와 관련된 설명이다. ㉠-㉣을 올바르게 짝지은 것은?

㉠에 따르면, 사용성이란 사용자가 특정 사용 맥락에서 목표한 바를 효과적이고,
효율적으로, 만족스럽게 달성할 수 있도록 하는 것이다. 사용성 평가와 관련된 3가지
지표는 다음과 같다.

▸ ㉡: 시스템이 사용자의 목적을 얼마나 충실히 달성하는가?
▸ ㉢: 사용자가 과업을 달성하기 위해 투입한 자원과 그 효과 간의 관계
▸ ㉣: 사용자가 시스템을 사용하면서 기대했던 것에 비해 얼마나 만족했는가?

① ㉠ - ISO 13485 　　② ㉡ - 효율성 　　③ ㉢ - 효과성 　　④ ㉣ - 만족도

## 5. 다음 [보기]에 나오는 평가 방법에 대한 설명으로 옳은 것은?

A사는 정신건강을 위한 디지털 치료제를 개발 중이다. 디지털 치료제 출시 전, 사용 적합성 설계에 관한 위반사항을 검토하기 위해 평가를 실시했다. 평가는 제이콥 닐슨이 제안한 10가지 평가 척도를 사용해 진행했다.

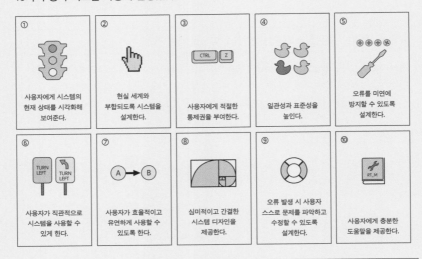

①  평가자가 의료기기의 전체적인 시스템 요소를 완벽하게 검사한다.
②  평가자가 직접 의료기기를 사용하지 않아도 되기 때문에 초기 단계에서 사용될 수 있다.
③  평가는 전문가와 사용자를 포함해 20인 이상에게 검토받는 것이 바람직하다.
④  실제 의료진의 사용 환경을 고려해 평가할 수 있다.

# 9강 서비스 비즈니스 모델

### 전달 단계의 특징

▸ 앞서 만든 콘셉트 및 디자인 제안들을 명료하고 효율적으로 전달하는 과정
▸ 서비스를 어떤 채널과 방법을 통해 사용자들에게 알릴지 정함

### 서비스 브랜딩

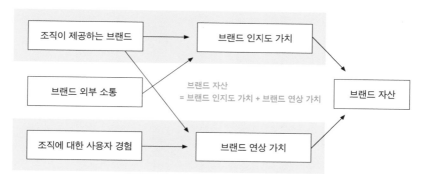

▸ 아래 세 주체 간의 상호작용을 이해하고 디자인해야 함

| 1 | 사용자 |
|---|---|
| 2 | 사용자에게 어떤 가치를 제공할지 약속하고,<br>서비스 제공자에게 가치 제공이 가능하도록 지원하는 기업 |
| 3 | 기업의 지원을 바탕으로 사용자가 기대하는 약속의 내용을 이행하는 서비스 제공자 |

▸ 기업의 목표와 사용자가 추구하는 목표가 부합할 때 사용자는 브랜드에 대한
  긍정적인 감정과 태도를 형성할 수 있으며, 기업의 경쟁력 제고도 가능해짐
▸ 보통의 제품 브랜딩이 브랜드 인지도와 관련된 활동 중심인데 비해,
  서비스 브랜딩은 인지도 형성과 브랜드 연상 가치 형성이 동시에 진행
▸ 브랜드 자산을 키우기 위해서는 전달하고자 하는 브랜드의 가치뿐 아니라
  실제 사용자가 경험하는 브랜드의 가치를 함께 고려
▸ 사용자가 어떤 환경에 처해 있는지, 어떤 맥락에서 서비스를 사용하는지,
  어떤 요구 사항이 있으며 그것이 기업 브랜드 특성과 어떻게 유의적으로
  연결되는지 봐야 함

## 비즈니스 모델 캔버스business model canvas

| 핵심 파트너십<br>key partnerships | 핵심 활동<br>key activities | 가치 제안<br>value proposition | 고객 관계<br>customer relationships | 고객 세그먼트<br>customer segments |
|---|---|---|---|---|
| | 7 | | 4 | |
| | 핵심 자원<br>key resources | | 채널<br>channels | |
| 8 | 6 | 2 | 3 | 1 |
| 비용 구조<br>cost structure | | 수익원<br>revenue streams | | |
| 9 | | | | 5 |

| 1 고객 세그먼트 | 우리가 창출하는 가치는 누구를 위한 것인가?<br>우리에게 가장 중요한 고객들은 누구인가?<br>▸ 서비스를 사용하게 될 직접적인 사용자<br>▸ 서비스 경험 디자인 과정 중 퍼소나에서 작성한 가상의 사용자를<br>　고객 세그먼트 블록에 간단히 표현 |
|---|---|
| 2 가치 제안 | 우리가 전달하고자 하는 가치는 무엇인가?<br>우리가 만족시키는 고객 요구는 무엇인가?<br>▸ 서비스가 고객에게 줄 수 있는 주요 가치<br>▸ 다른 경쟁자에 비해 가지는 비교우위의 가치를 중점적으로 작성 |
| 3 채널 | 세분화된 고객별로 어떤 채널을 통해 전달하는가?<br>▸ 고객 세그먼트와 가치 제안을 연결하는 채널<br>▸ 크게 고객에게 서비스를 알리고 피드백을 받는 커뮤니케이션 채널과<br>　서비스를 직접적으로 전달하기 위한 유통 채널로 구분 |
| 4 고객 관계 | 어떤 유형의 고객 관계를 형성하고 유지할 것인가?<br>▸ 고객이 서비스를 사용하는 과정에서 도움이 되는 서비스 제공자와의 관계<br>▸ 새로운 고객을 확보하는 방법, 고객이 서비스를 계속 사용하도록<br>　하는 방법, 고객으로부터 수익을 더 늘릴 방법 등이 포함 |
| 5 수익원 | 고객이 기꺼이 지불할 만한 가치는 무엇인가?<br>현재 고객이 지불하는 것은 무엇인가?<br>▸ 서비스 제공자가 고객에서 수익을 창출하는 방식 |
| 6 핵심 자원 | 가치 제안을 위해 필요로 하는 핵심 자원은 무엇인가?<br>▸ 서비스를 통해 고객에게 가치를 전달하기 위한 물적·인적·지적<br>　재산 및 자원 등의 핵심 자원 작성 |

| 7 핵심 활동 | 가치 제안을 위해 필요로 하는 핵심 활동은 무엇인가? |
|---|---|
| | ▸ 고객에게 가치를 전달하기 위해 하는 활동 |
| | ▸ 고객에게 직접적으로 서비스를 제공하는 것뿐 아니라 서비스 청사진의 후방에서 수행되는 활동 포함 |
| 8 핵심 파트너십 | 핵심 파트너는 누구인가? |
| | 파트너가 실행하는 주요 활동은 무엇인가? |
| | ▸ 서비스 운영을 최적화하고 핵심 활동에 집중할 수 있도록, 여러 이해관계자와의 네트워크 및 파트너십 구축 |
| 9 비용 구조 | 우리의 비즈니스 모델에서 발생하는 주요 비용은? |
| | ▸ 비즈니스 모델이 운영되는 동안 일어나는 금전적 결과 |
| | ▸ 고정 비용과 변동 비용을 나누어 작성 |

▸ 알렉산더 오스터왈더Alexander Osterwalder가 개발한 방법

▸ 개발하고자 하는 서비스의 가치를 포착해 지속 가능한 비즈니스 전략 수립

▸ 비즈니스 모델과 한계점을 더 잘 이해하고 계획하기 위해 활용

## 린 캔버스lean canvas

| 문제<br>problem<br><br>가장 중요한 3가지 문제가 무엇인가?<br><br><br>1 | 해결책<br>solution<br><br>가장 중요한 3가지 기능이 무엇인가?<br><br>4 | 고유의<br>가치 제안<br>unique value<br>proposition<br><br>제품 구매 사유와 다른 경쟁사 제품의 차이를 쉽게 설명해보기<br><br>3 | 일방적<br>경쟁 우위<br>unfair advantage<br>자사만의 강력한 특징<br><br>9 | 고객 세그먼트<br>customer segments<br><br>목표 고객은 누구인가? |
|---|---|---|---|---|
| | 핵심 지표<br>key metrics<br><br>측정해야 할 활동은 무엇인가?<br>8 | | 채널<br>channels<br><br>고객은 어떤 채널로 접할 수 있는가?<br>5 | 2 |
| 비용 구조<br>cost structure<br>고정비와 변동비는?<br>7 | | 수익원<br>revenue streams<br>매출원은 무엇인가?<br>6 | | |

▶ 애시 모리아Ash Maurya가 비즈니스 모델 캔버스를 활용해 만든 비즈니스 계획 템플릿

▶ 비즈니스 모델 캔버스의 4개 블록을 초기 스타트업에 더 필요한 내용으로 변경

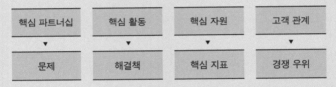

▶ 스타트업 또는 창업 기업이 시장을 빠르게 검증하고 아이디어를 시뮬레이션하는 데 사용

▶ 고객 세그먼트와 미래가 아닌 현재 고객이 처한 문제를 가장 중요하게 봄

# 9강 예상 문제 ✔✕

## 1. 다음에서 설명하는 비즈니스 모델 캔버스의 요소에 해당하는 것은?

비즈니스의 운영을 최적화하고 비즈니스 모델의 위험을 줄이기 위해 핵심 활동에
집중할 수 있도록 구매자-공급자 관계를 구축한다. 상호 보완적인 비즈니스 제휴는
합작 투자 또는 경쟁업체나 비경쟁업체 간의 전략적 제휴가 이루어지게 된다.

① 핵심 자원　　　② 핵심 파트너십　　　③ 고객 관계　　　④ 채널

## 2. 다음 [그림]에서 제시하는 캔버스에 대한 설명으로 옳은 것은?

| 문제<br><br>가장 중요한 3가지<br>문제가 무엇인가?<br><br><br><br><br>1 | 해결책<br><br>가장 중요한 3가지<br>기능이 무엇인가?<br><br>4<br><br>핵심 지표<br>측정해야 할 활동은<br>무엇인가?<br>8 | 고유의<br>가치 제안<br><br>제품 구매 사유와<br>다른 경쟁사 제품의<br>차이를 쉽게<br>설명해보기<br>3 | 일방적<br>경쟁 우위<br><br>자사만의 강력한<br>특징<br><br>9<br><br>채널<br>고객은 어떤 채널로<br>접할 수 있는가?<br>5 | 고객 세그먼트<br><br>목표 고객은<br>누구인가?<br><br><br><br><br>2 |
|---|---|---|---|---|
| 비용 구조<br>고정비와 변동비는?<br>7 | | | 수익원<br>매출원은 무엇인가?<br>6 | |

① 알렉산더 오스터왈더가 제안한 비즈니스 모델 캔버스다.
② 서비스가 어떻게 가치를 창출하고, 고객에게 전달할 것인가에 대한 핵심을
　 파악하는 데 목적을 둔다.
③ 서비스의 비즈니스 모델을 더 잘 이해하고 이해관계자들과 소통하기 위해 사용된다.
④ 고객-문제-해결에 중점을 두고 스타트업이 비즈니스 아이디어를 빠르게
　 시뮬레이션하는 데 사용한다.

**3. 다음 [그림]은 서비스 브랜딩 모델이다. 빈칸에 들어갈 말을 올바르게 짝지은 것은?**

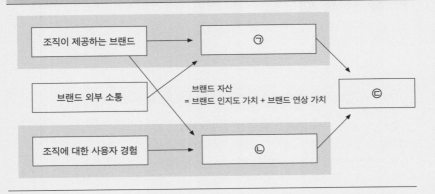

|   | ㉠ | ㉡ | ㉢ |
|---|---|---|---|
| ① | 브랜드 연상 가치 | 브랜드 인지도 가치 | 브랜드 자산 |
| ② | 브랜드 인지도 가치 | 브랜드 자산 | 브랜드 연상 가치 |
| ③ | 브랜드 인지도 가치 | 브랜드 연상 가치 | 브랜드 자산 |
| ④ | 브랜드 자산 | 브랜드 연상 가치 | 브랜드 인지도 가치 |

# 현재 그리고 미래 탐색

# 10강  서비스 출시와 운영

## 서비스 출시 단계의 특징

▶ 서비스를 실제 사용자에게 전달하기 위한 단계
▶ 이전까지의 디자인 단계가 서비스 과정 안에 들어온 사용자의 경험을 중점적으로 다룬 것과 달리, 서비스 밖의 사람들에게 서비스를 알리는 게 목표
▶ 실제 서비스를 제공했을 때 발생할 수 있는 문제를 고려하고 대응책을 마련한 뒤 서비스를 홍보

## 가치 제안 캔버스value proposition canvas

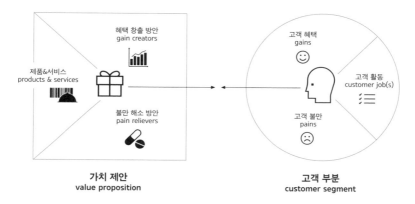

▶ 비즈니스 모델 캔버스를 개발한 오스터왈드와 이브 피뉴르Yves Pigneur가 제안한 도구
▶ 고객에 대한 이해와 고객의 문제 해결을 위한 가치 제안으로 구성
▶ 서비스를 통해 고객이 가진 극심한 불만을 해소해주는 과정 시각화

### 구성 요소

#### 고객 프로필customer profile

▶ 서비스를 사용할 고객 특성에 대한 이해를 기술
⏵⏵ 서비스를 사용하는 고객이 목표를 달성하기 위해 노력하는 활동(고객 활동)
⏵⏵ 수행 과정에서 겪는 불편 및 해결되지 못한 문제
⏵⏵ 고객이 달성하고자 하는 결과, 또는 추구하는 실질적인 혜택

#### 가치 맵value map

▶ 고객을 유인하기 위해 해당 고객에게 부합하는 가치를 어떻게 만들어 낼 것인지 작성
⏵⏵ 고객 프로필에서 정의한 불편을 어떤 방식으로 줄일 수 있는지
⏵⏵ 고객이 기대하는 혜택을 어떻게 달성할 수 있을지

### 가치 제안 캔버스 제작

① 고객 프로필 정확하게 정의하기: 고객 활동, 불만, 혜택을 이해하고,
   이를 해결할 방법이 있을지 고민
② 가치 제안의 시각화: 고객 프로필에 부합하는 새로운 혜택 창출,
   불만 해결을 위한 새로운 서비스(가치) 고안
③ 제품과 서비스의 적합성 달성

| 문제-해결 적합성 | 가치 제안을 통해 해결하려고 하는 활동, 불만, 혜택을 고객이 중요시하는가? |
| --- | --- |
| 제품-시장 적합성 | 제안한 가치가 고객이 정말 원하는 것인지 입증할 수 있는가? |
| 비즈니스 모델 적합성 | 가치 제안에 맞춰 도출한 비즈니스 모델이 측정 가능하고 수익성이 높다는 것을 입증할 수 있는가? |

### 카노 모델Kano model

▶ 카노 노리아키Noriaki Kano 교수가 소개한 제품 개발에 관련된 상품 기획 이론
▶ 제품이나 서비스를 기획할 때 그 구성 요소 사이의 상호 관계를 시각화하는 프레임워크
   ▶▶ 객관적 관계: 소비자가 기대하는 것의 충족/불충족
   ▶▶ 주관적 관계: 소비자의 만족/불만족
▶ 특정 기능이 왜 고객에게 중요한지 분석해, 수많은 기능 중 어디에 집중할지
   이해하는 데 도움을 줌

### 구성 요소

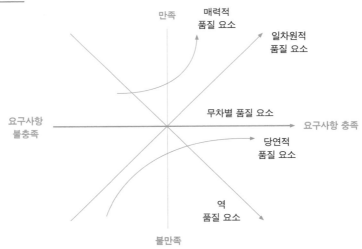

| 매력적 품질 요소<br>attractive | ▶ 고객이 미처 생각하지도 못했던, 고객 감동을 줄 수 있는 요소<br>▶ 고객들은 제공되는 품질에 기대가 없었으므로 충족되지 않더라도<br>크게 불만을 느끼지 않음 |
|---|---|
| 일차원적 품질 요소<br>one-dimensional | ▶ 제공할수록 만족도가 높아지는 요소<br>▶ 충족 시 만족감을 주지만, 미충족 시 불만족으로 이어짐 |
| 당연적 품질 요소<br>must-be | ▶ 기본적으로 제공되어야 할 요소<br>▶ 충족 시 너무나 당연한 것으로 별다른 만족감을 주지는 않지만,<br>기준에 미치지 못할 시 불만족 상승 |
| 무차별 품질 요소<br>indifferent | ▶ 있어도 그만, 없어도 그만인 요소<br>▶ 주로 불필요한 요소를 찾아낼 때 유용하게 사용됨 |
| 역 품질 요소<br>reverse | ▶ 충족되면 불만족을 일으키고 충족되지 못하면 만족되는,<br>거꾸로 된 요소 |

## 카노 모델 품질 요소 체크리스트Kano model for quality requirements checklist

긍정 질문: □□□ 기능이 있다면 어떤 생각/느낌이 드는가?
부정 질문: □□□ 기능이 없다면 어떤 생각/느낌이 드는가?

| 고객 요구 | | 부정 질문 응답 | | | | |
|---|---|---|---|---|---|---|
| | | 마음에 든다 | 당연하다 | 아무 느낌 없다 | 하는 수 없다 | 마음에 안 든다 |
| 긍정 질문<br>응답 | 마음에 든다 | Q | A | A | A | O |
| | 당연하다 | R | I | I | I | M |
| | 아무 느낌 없다 | R | I | I | I | M |
| | 하는 수 없다 | R | I | I | I | M |
| | 마음에 안 든다 | R | R | R | R | Q |

| | |
|---|---|
| A | 매력적attractive |
| O | 일차원적one-dimensional |
| M | 당연적must-be |
| I | 무차별indifferent |
| R | 역reverse |
| Q | 의심스러운 답questionable<br>(설문을 이해하지 못했거나 또는 응답자가 품질에 대한 이해도가 낮음) |

## 데이터 시각화 data visualization ·························· 🗀

가공되지 않은 정량적 정보를 이해하고 처리하기 쉽도록
노드의 형태로 시각화한 것

| | |
|---|---|
| 정보 시각화<br>information visualization | 한정된 공간에 많은 정보를 효율적 또는 차별적으로 제시,<br>또는 목적에 맞게 그래프의 형태로 시각화하는 것 |
| 정보 디자인<br>information design | 정보에 쉽게 접근하고, 정보를 효율적으로 전달하기 위해 차트나<br>그래프 등을 활용해 데이터를 의미 있게 시각화한 것 |
| 인포그래픽<br>infographic | 정보를 분석·가공해 트렌드나 패턴을 빠르게 인지할 수 있도록<br>시각화한 것으로, 스토리텔링과 시각 능력을 강화하는<br>그래픽을 적극적으로 활용 |

# 10강 예상 문제 ✔✗

---

**1. 다음 [표]는 카노 모델의 품질 요소에 대한 내용이다. ㉠-㉢에 들어갈 품질 요소를 연결한 것으로 옳은 것은?**

긍정 질문: □□□ 기능이 있다면 어떤 생각/느낌이 드는가?
부정 질문: □□□ 기능이 없다면 어떤 생각/느낌이 드는가?

| 긍정 질문 응답 | | 부정 질문 응답 | | 품질 요소 |
|---|---|---|---|---|
| 마음에 든다 | + | 당연하다 | = | 매력적 품질 요소 |
| 아무 느낌 없다 | + | 마음에 안 든다 | = | ㉠ |
| 마음에 안 들지만 상관없다 | + | 마음에 안 든다 | = | ㉡ |
| 아무 느낌 없다 | + | 아무 느낌 없다 | = | ㉢ |
| 마음에 안 든다 | + | 마음에 안 들지만 상관없다 | = | ㉣ |

① ㉠ - 무차별 품질 요소　　　② ㉡ - 일차원적 품질 요소
③ ㉢ - 당연적 품질 요소　　　④ ㉣ - 역 품질 요소

---

**2. 다음 중 카노 모델에서 시간의 흐름에 따라 변화하는 품질 요소의 순서를 올바르게 짝지은 것은?**

| | ㉠ | ㉡ | ㉢ |
|---|---|---|---|
| ① | 매력적 요소 | 일차원적 요소 | 당연적 요소 |
| ② | 매력적 요소 | 당연적 요소 | 일차원적 요소 |
| ③ | 일차원적 요소 | 당연적 요소 | 매력적 요소 |
| ④ | 당연적 요소 | 매력적 요소 | 일차원적 요소 |

## 3. 다음 중 가치 제안 캔버스에 대한 설명으로 옳지 <u>않은</u> 것은?

① 비즈니스 모델 캔버스 중 '가치 제안'과 '고객' 블록을 세분화해 설계한 캔버스다.
② 캔버스 제작 시, 목표 서비스에서 출발해 고객에게 줄 수 있는 가치의 순으로 작성한다.
③ 고객 프로필에는 서비스에 대한 특정 고객층의 활동, 불만, 혜택을 자세하게 설명한다.
④ 가치 맵에는 고객을 유인하기 위해 고객에게 부합하는 가치를 어떤 식으로
  창조할 것인지 기술한다.


## 4. 다음의 내용 중 올바르게 짝지어진 것은?

① 데이터 시각화: 한정된 공간에 많은 정보를 효율적 또는 차별적으로 제시,
  또는 목적에 맞게 그래프의 형태로 시각화하는 것
② 정보 시각화: 정보에 쉽게 접근하고, 정보를 효율적으로 전달하기 위해
  차트나 그래프 등을 활용해 데이터를 의미 있게 시각화한 것
③ 정보 디자인: 가공되지 않은 정량적 정보를 이해하고 처리하기
  쉽도록 노드의 형태로 시각화한 것
④ 인포그래픽: 정보를 분석·가공해 트렌드나 패턴을 빠르게 인지할 수 있도록
  시각화한 것으로, 스토리텔링과 시각 능력을 강화하는 그래픽을 적극적으로 활용

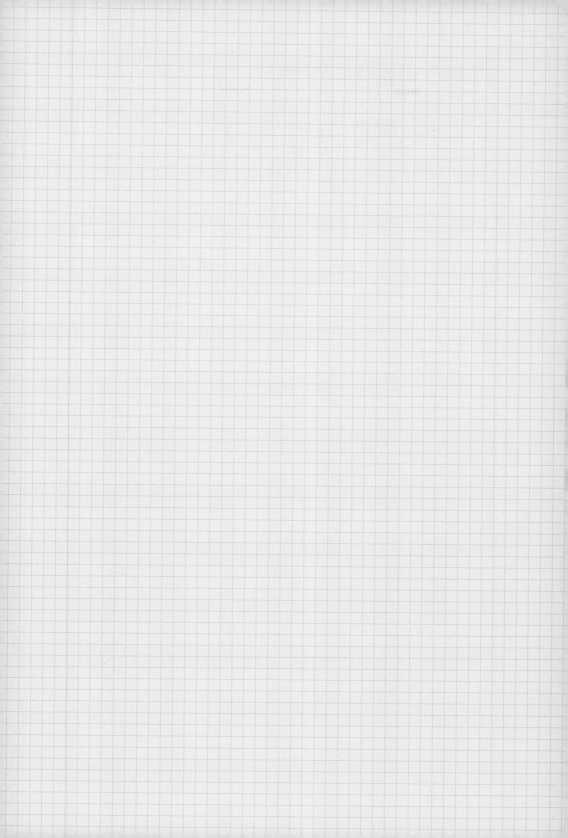

# 11강 미래를 향한 서비스 경험 디자인

## 지속 가능한 디자인

▶ 서비스 출시 이후 사용자에게 반복적이고 지속적으로 균일한 경험을 제공하고,
효율적인 비용 구조로 서비스를 운영해야 함

▶ 서비스 시행 이후 사용자에게 계속해서 정보를 수집하고, 피드백을 받아
서비스를 업데이트하고, 개선하기 위한 내부 프로세스 및 추적 시스템이 필요

## 사회적 가치

### 기업의 사회적 책임(CSR)Corporate Social Responsibility

▶ 기업이 사회 문제를 해결하는 주체가 되어 자선 사업을 수행해야 함

### 공유 가치 창출(CSV)Creating Shared Value

▶ 기업이 사회와 동일한 가치를 추구해 이를 공유해야 함

### ESG 경영: 환경Environmental, 사회Social, 지배 구조Governance

▶ 기업의 3가지 비재무적 요소로, 지속적인 성장 및 생존과 직결되는 핵심 가치

▶ 장기적인 관점에서 친환경 및 사회적 책임 경영과 투명 경영을 통해
지속 가능한 발전을 추구하는 것

### 트리플 보텀 라인(TBL)Triple Bottom Line

▶ 존 엘킹턴John Elkington이 제안한 지속 가능성의 경영 원칙을 기초로 한 개념 모델

▶ 기업이 지속 가능을 위해 지켜야 할 3가지 원칙

| | |
|---|---|
| 1 | 서비스 및 기업 전략 차원에서 기업의 이익 관점인 경제적 가치economic value |
| 2 | 기업이 얼마나 사회적으로 책임감이 있는지 보여주는 사회적 자본social equity |
| 3 | 기업이 얼마나 환경에 책임감이 있는지 보여주는 환경적 지표ecosystem quality |

▶ 3가지 핵심 구성 요소(3P)

| | |
|---|---|
| 이윤<br>Profit | 경제적 보텀 라인. 기업이 창출해 낸 모든 경제적 가치<br>(예: 거버넌스, 세금, 고용) |
| 사람<br>People | 사회적 보텀 라인. 기업의 활동으로 인해 직간접적으로 영향을<br>받을 수 있는 모든 이해관계자를 포괄하는 성과 측정(예: 여성 노동 참여율) |
| 지구<br>Planet | 환경적 보텀 라인. 환경적 지속 가능성에 대한 성과 측정<br>(예: 전기차 도입으로 탄소발자국 최소화) |

# 디자인 권리 및 사후 관리

## 디자인권

▸ 디자인을 보호하기 위해 인정되는 무체재산권으로, 특허청에 설정·등록된 디자인에 부여되는 권리
▸ 물품의 외관(형상, 모양, 색 또는 이들을 결합한 것)에 대해 타인이 창작물을 모방하지 못하도록 독점적인 권리를 부여함
▸ 디자인 성립 요건: 물품성, 형태성, 시각성, 심미성

**디자인등록과 디자인공지증명 비교**

| 구분 | 디자인등록 | 디자인공지증명 |
|------|-----------|----------------|
| 목적 | 독점 배타적인 디자인권 발생 | 공지 사실 증명 |
| 처리 기간 | 출원 후 6개월 내외 | 1-3일 |
| 권리 범위 | ▸ 동일 또는 유사한 디자인을 실시할 권리를 독점함 (디자인보호법 제92조) | ▸ 독점 배타적 권리 없음 ▸ 등록 후 12개월 이내 디자인 출원 시 디자인권(재산권) 확보 가능 |
| 신청 절차 | ▸ 출원인이 출원 수수료와 함께 디자인등록출원서 제출 ▸ 실체심사를 거쳐 등록 결정 후 디자인권 발생 | ▸ 디자인을 파악할 수 있는 간단한 도면과 신청서만 제출 ▸ 실체심사 과정이 없으므로 절차가 간단 |
| 권리 보호 기간 | 존속 기간 20년 | 부정경쟁방지법의 경우 창작일로부터 3년 |

출처: 한국디자인진흥원

## 저작권

▸ 저작물에 대해 창작자가 가지는 권리
▸ 저작자가 저작물을 스스로 이용하거나 다른 사람이 이용할 수 있도록 허락함으로써 경제적 이익을 올릴 수 있는 재산권
▸ 복제권, 공연권, 공중송신권, 전시권, 배포권, 대여권, 2차적 저작물작성권이 저작재산권에 포함됨

**디자인권과 저작권의 차이**

| 구분 | 디자인권 등록 | 저작권 등록 |
|------|--------------|-------------|
| 등록 대상 | 디자인 | 저작물 |
| 처리 기간 | 출원 후 6개월 내외 | 1-3일 |
| 요건 | 신규성 / 창작성 / 공업상 이용가능성 | 문학·학술·예술 범위 / 창작성 시상이나 감정의 표현 |
| 권리 발생 시점 | 등록 시점(방식주의) | 창작 시점(무방식주의) |
| 보호 기간 | 등록한 때로부터 20년간 | 저작자 사망 후 70년간 |

출처: 한국디자인진흥원

# 11강 예상 문제 ✓✗

## 1. 다음 [보기]의 내용은 기업의 지속 가능한 경영에 대한 개념이다. ㉠과 ㉡에 들어갈 용어를 올바르게 짝지은 것은?

| ㉠ | ▶ 투자자의 장기적 수익률 증가와 기업의 지속 가능한 성장을 이루고자 투자와 경영에서 환경·경영·거버넌스라는 3가지 관점을 기준으로 하는 기업 경영 활동 |
|---|---|
| ㉡ | ▶ 기업이 사회와 환경에 미치는 영향에 대한 책임으로, 자발적 성격이 강한 일련의 사회공헌 사업 ▶ 자선 활동, 윤리, 법적, 경제적 책임을 다하는 활동 전반 포괄 |

|  | ① | ② | ③ | ④ |
|---|---|---|---|---|
| ㉠ | ESG | CSV | CSR | CSR |
| ㉡ | CSR | ESG | ESG | CSV |

## 2. 다음 [보기]의 ㉠-㉢에 들어갈 용어를 올바르게 나열한 것은?

㉠은 존 엘킹턴이 제안한 지속 가능성의 경영 원칙을 기초로 한 개념 모델로 디자인 결과를 측정하는 데 사용되는 프레임이다. 기업이 지속 가능을 위해 지켜야 할 3가지 원칙으로 경제적 가치, 사회적 자본, ㉡을 제시했다. 이는 지속 가능한 성장의 3대 기반으로 3P라고도 불리며, 3가지 핵심 구성 요소는 ㉢이다.

|  | ㉠ | ㉡ | ㉢ |
|---|---|---|---|
| ① | ESG 경영 | 환경 | 이윤, 사람, 지구 |
| ② | ESG 경영 | 지배 구조 | 이윤, 사람, 정책 |
| ③ | 트리플 보텀 라인 | 환경 | 이윤, 사람, 지구 |
| ④ | 트리플 보텀 라인 | 지배 구조 | 이윤, 사람, 정책 |

### 3. 다음 중 디자인공지증명제도에 대한 설명으로 옳지 않은 것은?

①  디자인에 대한 분쟁 발생 시, 창작 시기에 대한 증거자료로 활용될 수 있다.
②  디자인에 대한 독점 배타적인 권리가 발생된다.
③  타인의 동일·유사한 디자인출원의 등록을 사전 차단할 수 있는 등록배제효가 있다.
④  디자인 미공개 선택 시, 이후 동일·유사한 디자인출원이 등록될 가능성이 있다.

### 4. 다음 중 디자인권으로 등록을 받기 위한 디자인의 등록 요건이 아닌 것은?

① 심미성          ② 신규성          ③ 창작성          ④ 공업상 이용가능성

### 5. 다음 중 디자인보호법으로 등록할 수 있는 것은?

① 캐릭터 디자인          ② 글자꼴
③ 그래픽 심벌          ④ 순수미술 저작물

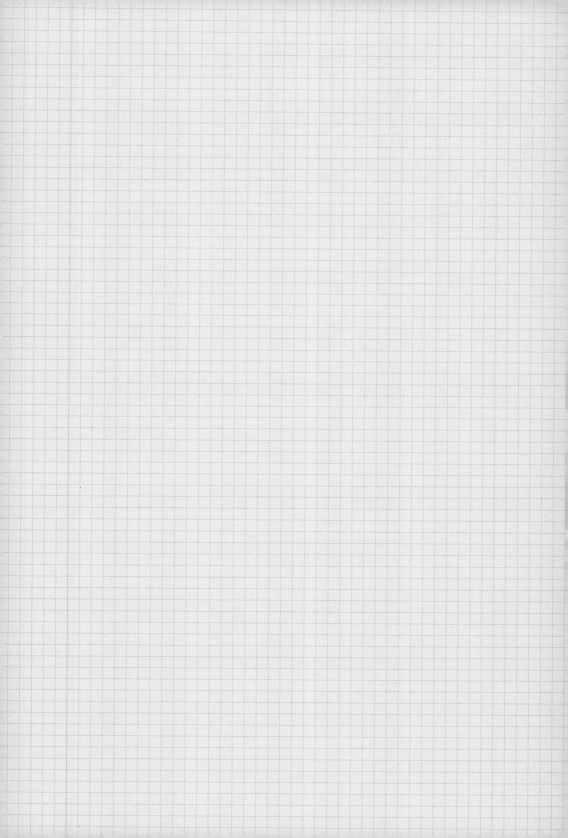

예상 문제 정답과
개념 확인

# 1강 예상 문제 정답과 개념 확인

**1. QR코드 접근 방법에 사용성의 속성을 고려한 디자인이 추가되었다. 아래 내용과 관련된 사용성의 속성으로 옳은 것은?**

④ → 단축키나 단축 경로를 사용해 단축성을 고려한 디자인이 진행된다.

### 사용성의 속성

| 친숙성 | 서비스 요소들에 대해 용어나 외형을 사용자가 기존에 마주할 만한 것과 일치시켜, 사용자가 빨리 인지 및 추론할 수 있게 도움 |
|---|---|
| 개인화 | 응용성(사용자가 개인의 상황과 취향에 따라 시스템의 특성을 바꾸는 것)과 적응성(시스템을 개인의 취향에 맞추어 가는 경우)을 고려한 디자인이 진행됨 |
| 학습성 | 매뉴얼을 제공하거나, 과업 적합성(특정 과업의 성격에 부합한 설정)을 고려한 디자인이 진행됨 |

**2. 다음 중 서비스 경험 디자인에 대한 설명으로 옳지 않은 것은?**

③ → '인간의 신체적·인지적 특성을 고려해 인간을 위해 사용되는 물체, 시스템, 환경의 디자인을 과학적인 방법으로 기존보다 사용하기 편하게 만드는 응용 학문'은 인간 공학에 대한 설명이다.

### 서비스 경험 디자인 관련 용어

| 감성 공학 | 인체의 특징과 감성을 제품 설계에 최대한 반영하는 기술로, 인간이 가진 바람에 대한 이미지나 감성을 구체적인 제품 설계로 실현해내는 공학적 접근 방법 |
|---|---|
| 사용성 공학 | 사용자의 니즈를 해결하고 그 방식에 실제 사용 가능한 제품으로 개발하는 과정 |
| 인지 과학 | 인간의 마음과 컴퓨터와 같은 지능적 체계의 성질, 구체적으로는 학습, 추론, 언어, 문제 해결 등을 각 분야에서 발전시켜 온 방법론과 이론을 적용해 연구 활동을 수행하는 학문 분야 |
| 사용자 경험(UX) | 제품, 서비스, 시스템을 사용하면서 체험하는 전반적인 사용자 경험을 개선하기 위한 설계 영역 |

| 사용자 인터페이스(UI) | 사람(사용자)과 컴퓨터 시스템 사이의 의사소통 매개물 |
|---|---|
| HCI | 어떤 디지털 제품이 좋은 제품인지, 그리고 어떻게 하면 좋은 디지털 제품을 만들 수 있는지를 연구하는 학문 |

## 3. 다음 중 서비스 디자인에 대한 설명으로 옳지 <u>않은</u> 것은?

③ → 서비스 디자인 영역에서는 사용자가 서비스를 경험하는 전체 과정을 다루며, 비즈니스 모델 등도 함께 고려해야 한다.

**서비스 디자인**

▸ 고객이 무형의 서비스를 구체적으로 경험할 수 있도록, 고객과 서비스가 접촉하는 모든 경로의 유·무형 요소를 창조하는 과정
▸ 새로운 비즈니스 모델을 개발함으로써, 부가가치 창출을 위한 고려도 진행됨
▸ 사용자와 공급자에 대한 리서치를 기반으로 진행됨

## 4. 다음 중 공공 서비스 디자인에 대한 설명으로 옳지 <u>않은</u> 것은?

④ → 공공 서비스 디자인은 수요자, 사용자 입장에서 공공 분야의 문제를 해결하기 위한 과정을 다룬다.

**공공 서비스 디자인이란**

▸ 서비스 디자인 방법을 공공 영역에 적용해 공공 정책과 공공 서비스를 개발하는 것
▸ 사람들이 공공 서비스를 이용할 때 어떤 선택이나 행동을 하고, 무엇을 생각하는지 포착해 재설계하는 것
▸ 식품의약품안전처는 복잡하고 표준화되지 않은 영양 정보 표시제도를 개선하고자 국민디자인단과 함께 정보를 제공하는 시점부터 국민이 접하고 활용하는 매체까지 폭넓게 탐구하며 '소비자 중심의 영양표시 및 정보 제공' 프로젝트를 진행함

## 5. 다음 예문에서 설명하는 서비스의 특성에 해당하는 것은?

④ → VR 체험으로 기억에 남는 경험을 상기시킨 사례다.
서비스를 통해 오랫동안 잊히지 않는 경험을 제공할 수 있어야 한다.

#### 서비스의 특징과 이로 인한 디자인의 특징

| 서비스의 특징 | | 디자인의 특징 | |
|---|---|---|---|
| 무형성 | 눈에 보이지 않고 형태가 없기에 실체를 보거나 만질 수 없으며, 그로 인해 생각이 제한될 수 있음 | 가시화 | 인공물을 통해 눈에 보이는 형태로 사용자에게 전달해야 함 |
| 이질성 | 사용자와 환경에 따라 각기 다른 특성을 지녀, 사용자마다 다르게 해석할 수 있음 | 시스템적 접근 | 일관성 있는 서비스를 제공하기 위한 접근이 필요 |
| 불가분성 | 생산 시점과 사용 시점을 분리할 수 없으며, 같은 시점에 이루어져야 함 | 사용자와 접점 관리 | 사용자가 서비스를 경험하는 과정에서의 접점(터치포인트 touchpoint) 관리로 통합적인 사용자 경험 전달이 가능 |
| 소멸성 | 사용하지 않으면 사라지며, 제공하는 가치가 한시적임 | 기억에 남는 경험 | 오랫동안 잊히지 않는 경험을 제공해야 함 |

## 6. 다음 [보기]에서 설명하는 경험의 요소에 해당하는 것은?

① → ADHD 환아가 스스로 하기 어려워하는, 즉 대상에게 필요한 기능인 일상생활
과업 수행을 서비스를 통해 제공한다는 내용을 담았기에 '유용성'에 해당한다.

#### 뿌미를 통해 다른 경험의 요소를 탐색해보면,

| 사용성 | 일상생활 과업을 해야 하는 시점에 어린이가 애플리케이션을 켜고 특정 화면에 접근해 시작하는 것이 아니라, 애플리케이션이 먼저 알람을 줘서 빠르게 해당 화면에 접근 가능 |
|---|---|
| 감성 | 초등학교 저학년 아동이 에이전트 뿌미를 친구라고 느낄 수 있도록 귀여운 동물 모양으로 디자인 |
| 의미성 | 이 서비스에서 발굴한 중재 방법은 향후 디지털 치료제 개발에 사용 가능 |

# 2강 예상 문제 정답과 개념 확인

## 1. 다음은 IDEO의 디자인 씽킹 프로세스다. ㉠-㉢에 들어갈 알맞은 말을 옳게 짝지은 것은?

① → IDEO의 디자인 씽킹 프로세스는 발견 → 해석 → 아이디어 만들기 → 실험하기 → 발전하기로 진행된다.

스탠포드 디.스쿨의 디자인 씽킹 프로세스

| 공감하기 | ▶ | 문제 정의 | ▶ | 아이디어 찾기 | ▶ | 프로토타입 | ▶ | 평가하기 |
|---|---|---|---|---|---|---|---|---|

## 2. 다음에서 설명하는 서비스 경험 디자이너의 핵심 자질로 옳은 것은?

④ → 개발할 지도를 페이퍼 프로토타입화해 미리 경험해보는 과정을 거쳤다.

서비스 경험 디자이너의 핵심 자질

| 공감 능력 | 서비스를 둘러싼 다양한 이해관계자의 입장에서 상황을 바라보아야 함 |
|---|---|
| 통합적 사고 능력 | 다양한 관점에서 문제를 바라볼 수 있어야 하며, 분석적이고 창발적인 사고가 필요 |
| 시스템 사고 능력 | 사용자의 시간을 고려한 정교한 행동 설계가 필요하기에, 여러 현상을 하나의 시스템을 통해 체계적·종합적으로 이해할 수 있어야 함 |
| 실험주의 | 실제 손으로 그려보고 만들어봄으로써 시각화하고 경험해보는 과정을 거칠 수 있어야 함 |
| 협업 능력 | 여러 전문가와 복잡한 문제를 해결해 나가므로, 그들과 함께할 수 있는 자세가 필요 |

## 3. 다음은 서비스 경험 디자인의 구성 요소 중 어떤 것에 대한 예시인가?

① → 사용자가 서비스와 마주하는 접점의 예시다.

### 서비스 경험 디자인의 구성 요소

| | |
|---|---|
| 접점 | 사용자가 서비스를 직·간접적으로 접하는 부분, 사용자가 서비스 경험 과정에서 거치는 모든 요소 |
| 아키텍처 | 시스템을 이루는 구조, 사용자나 맥락 등의 정보가 서비스에서 제공해줄 기능 또는 가치를 어떤 과정으로 주고받을 것인지 알 수 있음 |
| 모델 | 서비스가 지속적으로 운영되고 개선되는 데 필요한 사용자 참여 및 비즈니스 모델 |
| 전략 | 아키텍처와 모델을 통해 서비스가 사용자에게 제공하고자 하는 종합적 경험, 목적, 계획을 전달하는 것 |

접점, 아키텍처, 모델, 전략에 대한 피라미드

---

## 4. 다음 중 공동 창작에 대한 설명으로 옳지 않은 것은?

① → ①은 '공동 작업'에 대한 설명이다. 공동 작업은 공동 창작과 달리 주체 간 상하 위계질서가 존재하며, 여러 이해관계자가 각자 자신의 할 일을 수행하며 진행된다.

### 공동 창작

▶ 소비자, 생산자 및 관련 이해관계자들의 협력으로 가치를 창출하는 과정
▶ 모든 이해관계자가 디자인 과정에 참여해야 한다는 원칙
▶ 여러 이해관계자가 한 팀을 이루고 서비스 개발의 처음부터 끝까지 함께하는 것
▶ 각 주체 간의 상하 위계질서가 존재하지 않음
▶ 많은 이해관계자가 함께 의사소통하는 과정에서 서로에 대한 이해를 높일 수 있음

---

## 5. 다음은 서비스 경험 디자인 발전 과정에서의 몇 가지 주요 사건이다. 발생한 순서대로 옳게 나열한 것은?

③ → 1980년대 - ⓒ 도널드 노먼: 사용자 중심 디자인의 개념 소개
1990년대 - ⓒ 리처드 뷰캐넌: 디자인 씽킹 접근 방식 소개
2000년대 - ㉠ 영국 디자인협회: 더블 다이아몬드 모델 제안

# 3강 예상 문제 정답과 개념 확인

**1. 우울증이 있는 아동을 위한 서비스를 개발 중이다. 제시된 [보기]와 같은 산출물은 아래 더블 다이아몬드 모델 중 어느 단계의 결과물과 관련 있는가?**

① → [보기]에 기록된 내용은 아동을 관찰하고 부모를 인터뷰한 자료로, 발견 단계에서의 산출물에 해당한다. 발견 단계에서 확인한 내용을 바탕으로 다음 단계에서 문제점과 해결 방법을 정의하게 된다.

**더블 다이아몬드 프로세스 각 단계의 산출물**

| | |
|---|---|
| 발견 단계 | 사용자 관찰 결과물, 사용자 인터뷰 결과물 |
| 정의 단계 | 수집한 자료를 해석한 자료, 분석해 도출한 기회 영역들, 콘셉트 브리프 |
| 개발 단계 | 서비스 가치 제안, 서비스 아키텍처, 프로토타입 |
| 전달 단계 | 서비스 브랜딩, 서비스 스토리텔링, 서비스 운영 매뉴얼 |


**2. AT-ONE 툴키트의 구성 요소 중, T에 해당하는 사례로 옳은 것은?**

② → QR 코드를 활용해 사용자가 서비스를 마주하는 '접점'을 서비스에 추가했다.

**AT-ONE 툴키트의 구성 요소**

| | |
|---|---|
| 행위자들Actors | 사용자 관찰 결과물, 사용자 인터뷰 결과물 |
| 접점Touchpoints | 서비스의 접점을 추가 혹은 재설정 |
| 제공물Offerings | 서비스 브랜드 전략과 일치하는지를 확인해 제공물을 구상하고 개발 |
| 니즈Needs | 고객의 니즈를 파악하고 이에 적합한 방법을 탐색 |
| 경험Experience | 이상적인 서비스 경험을 정의하고 이에 대한 구상을 진행 |

## 3. 다음 중 더블 다이아몬드 모델에 대한 설명으로 적합하지 <u>않은</u> 것은?

③ → 더블 다이아몬드 모델의 각 프로젝트는 진행 상황에 따라 유연하게 사용 가능하다.
따라서 발산과 수렴이 꼭 두 차례 진행되어야 하는 것은 아니다.

### 더블 다이아몬드 모델

▸ 서비스 디자인 과정을 간략하게 보여주는 방법론
▸ 발견하기 → 정의하기 → 개발하기 → 전달하기 단계로 진행
▸ 확산과 수렴 단계를 2차례 거치도록 표현되어 있지만, 한 단계에서
  여러 차례의 발산과 수렴이 반복될 수도 있다.

## 4. 다음은 통합적 사고의 3가지 요소에 대한 설명이다. ㉠-㉢의 각 명칭으로 적합한 것은?

① → ㉠ 매력도, ㉡ 실행 가능성, ㉢ 사업 가능성

### 통합적 사고의 3가지 요소

| | |
|---|---|
| 매력도 | 소비자가 마음에 들어 하는 것을 디자인해야 함 |
| 실행 가능성 | 기술적으로 구현할 수 있는 것을 디자인해야 함 |
| 사업 가능성 | 지속적인 비즈니스 모델로 성장할 가능성을 염두에 둬야 함 |

# 4강 예상 문제 정답과 개념 확인

## 1. 제시된 예문의 추론 방법과 유사하지 않은 접근에 해당하는 것은?

④ → 제시된 예문은 귀납 논리에 의해 결과를 추론하는 질적 연구에 가깝다.
①, ②, ③의 내용은 연역 논리에 의해 결과를 추론하는 양적 연구에 관한
설명을 담고 있다.

| 귀납 논리 | 개별적 사실에서부터 일반적 사실을 끌어내는 방법 |
|---|---|
| 연역 논리 | ▶ 일반적 사실로부터 구체적 사실을 끌어내는 방법<br>▶ 예시: 사람은 죽는다.<br>　　　소크라테스는 사람이다.<br>　　　따라서 소크라테스는 죽는다. |
| 귀추 논리<br>abductive reasoning | ▶ 어떤 사실이 있다면, 관계된 증거를 가장 잘 설명한 것 같은<br>　가정을 선택하는 방법<br>▶ 예시: 길에 못이 떨어져 있다.<br>　　　길 건너편에 비슷한 못이 가득 담긴 포대가 있다.<br>　　　이 못이 포대에서 떨어진 것이라고 짐작할 만한 이유가 있다. |

## 2. 다음 [보기]의 설명에 적합한 관찰 방법은?

③ → '행동 매핑' 과정을 통해 고객의 동선을 그려보고, 초음파 검진 후 정보 제공에
문제가 있음을 확인할 수 있다.

### 관찰 방법의 예시

| 하루 살아보기 | 연구자가 직접 A 건강검진센터에서 건강검진을 체험해본다. |
|---|---|
| 가이드 투어 | A 건강검진센터의 간호사에게 건강검진이 진행되는 과정에 대한 안내를 듣고,<br>각 과정에서 도출할 수 있는 인사이트를 정리한다. |
| 섀도잉 | A 건강검진센터에서 특정 고객을 따라다니며 고객의 행동을 면밀히 살펴본다. |

## 3. 새로운 서비스 콘셉트를 발굴하기 위해 리드 유저 인터뷰를 진행하려 한다. 다음 중 리드 유저에 대한 설명으로 옳지 않은 것은?

① → 리드 유저는 전형적인 사용자가 아닌 극단적 사용자extreme user에 속한다.

**리드 유저**

▸ MIT 교수인 에릭 폰 히펠이 정립한 개념
▸ 현재 시점에서 몇 달 후, 혹은 몇 년 후 시장에서 일반적인 욕구가 될 것을 미리 지닌 사용자를 의미함
▸ 시장 조사 과정에서 사용자의 욕구를 미리 확인할 수 있음
▸ 새로운 제품 콘셉트나 디자인 자료의 원천이 됨

**기술 수용 주기**

▸ 에버렛 로저스가 제품 수명 주기 모델과 소비자 집단의 유형을 결합해 분류한 모델

**5가지 소비자의 유형**

| | |
|---|---|
| 혁신 수용자, 기술 애호가 | 선도 수용자, 신기술을 최초로 수용하는 사람들, 기술 그 자체를 이해하는 사람들 |
| 선각 수용자, 선각자 | 조기 수용자, 자신이 주목하는 기술의 잠재력을 이해하는 사람들 |
| 전기 다수 수용자, 실용주의자 | 초기 대중, 전체 시장의 ⅓에 해당 |
| 후기 다수 수용자, 보수주의자 | 후기 대중, 새로운 기술에 두려움을 느낌 |
| 지각 수용자, 회의론자 | 말기 수용자, 새로운 기술이나 서비스에 거부감이 있음 |

## 4. 사람들의 운전 경험에 대한 이해를 위해 맥락 인터뷰를 진행했다. 다음 중 맥락 인터뷰에 대한 설명으로 옳지 않은 것은?

② → 맥락 인터뷰는 '인터뷰어'가 아닌 '인터뷰이'가 주도해 자기 경험을 설명하는 것이다.

**맥락 인터뷰의 예시**

▸ 운전 경험에 대한 운전자의 실증적인 데이터를 수집하기 위해, 실제 주행 과정 중의 인터뷰와 주행 후의 인터뷰를 진행
▸ 운전에 능숙한 참가자 20명을 대상으로 했으며, 2회의 인터뷰 모두 참가자 본인 소유의 차량에서 진행
▸ 운전 경험에 대한 전반적인 태도, 습관, 감성적 만족에 대한 문항을 인터뷰
▸ 주행 과정에서의 인터뷰는 최대한 평상시 참가자 개인의 운전 환경을 유지할 수 있도록, 참가자가 주로 운전하는 시간대에 익숙한 경로에서 주행하며 진행
▸ 주행 후 인터뷰는 운전 중 참가자 행태 및 감정에 대한 느낌을 최대한 유지하고자 주행이 끝난 직후 각 참가자의 차 안에서 실시, 주행 당시 운전 상황이나 느낌 또는 운전과 관련된 추상적인 개념 등을 참가자가 직접 설명하도록 진행

**5. 관찰 조사 결과를 분석하는 AEIOU 프레임워크에 해당하지 <u>않는</u> 것은?**

③ → AEIOU 프레임워크에 해당하는 건 인사이트Insight가 아닌 상호작용Interaction이다.

**AEIOU 프레임워크**

▶ 관찰 후 결과를 해석할 때 이용할 수 있는 연상 방법
▶ 일반적인 자료 수집을 위한 지침이 될 수 있음
▶ 각 요소를 설명하고, 그 요소 사이의 상호작용을 이해하는 것이 중요

**5가지 구성 요소**

| | |
|---|---|
| 활동Activity | 사람들이 얻고자 하는 것에 대한 행동 양식, 행동의 목표 |
| 환경Environment | 활동이 이루어지는 공간 |
| 상호작용Interaction | 사용자와 대상 사이에서 생기는 작용 |
| 대상Object | 주어진 환경 안에서 생겨나는 어떤 것들로, 그것이 무엇이고 어떻게 활동들과 연관이 있는지 생각해볼 수 있음 |
| 사용자User | 관찰이 요구되는 사람, 활동에 참여하고 환경에 있는 사람 |

**6. 초등학교 입학과 함께 COVID-19를 경험한 어린이들의 일상생활 패턴을 확인하기 위해 다음과 같은 연구를 진행했다. 아래에 제시된 연구 방법과 가장 거리가 먼 연구 방법은?**

① → 제시된 연구 방법은 다이어리 스터디로 질적 연구에 해당한다. ②는 인터뷰, ③은 관찰, ④는 FGI Focus Group Interview로 모두 질적 연구를 설명하지만, ①은 양적 연구에 해당하는 설문조사 방법론을 기반으로 한다.

**각 연구의 대표적 사례**

| | |
|---|---|
| 양적 연구 | 실험 연구, 설문 연구 |
| 질적 연구 | 관찰 연구, 인터뷰 연구 |

**1. 사용자와 서비스의 상호작용 파악에 도움 될 수 있게 다음과 같이 (A)를 개발했다. (A)에 대한 설명으로 옳지 않은 것은?**

④ → (A)는 사용자 여정 지도를 시각화한 자료다. ①, ②, ③은 사용자 여정 지도에 대한 설명이지만, ④는 이해관계자 지도에 대한 설명이다.

**이해관계자 지도**

▸ 서비스와 관련된 모든 관계자를 파악하기 위해 시각화하는 자료
▸ 이해관계자들이 서비스 중심에서 얼마만큼의 거리에 있는지 그려서 그 관계를 파악

**2. 개발 중인 서비스의 주사용자에 대한 (B)를 다음과 같이 작성했다. (B)에 대한 설명으로 옳지 않은 것은?**

① → (B)는 서비스의 페르소나에 대한 자료다. 페르소나는 서비스 기획자가 창작하는 것이 아니라, 발견한 데이터를 기반으로 과학적 분석을 통해 진행하는 편집의 과정이다. ②, ③, ④는 페르소나에 대한 설명이다.

**ADHD 어린이 대상 서비스에서 페르소나를 구성하는 요소와 그 예시**

| 인물의 배경 | 이름, 인물사진, 직업, 일상생활에 관한 배경 등 |
|---|---|
| 설계 대상과의 관계 | ADHD 어린이, 의사, 부모 등의 설정 |
| 목적, 요구, 태도 | ADHD 어린이가 지닌 욕구나 태도 등 |
| 특정 지식이나 능숙도, 친숙도 | 좋아하는 것이나 특정 기술에 대한 능숙도 등 |

## 3. 다음 중 클러스터링의 사고 단계를 순서대로 나열한 것으로 옳은 것은?

**② → 클러스터링 진행 과정: ㉠ 범주화 → ㉢ 추상화 → ㉡ 비교 → ㉣ 통합**

**클러스터링의 사고 단계**

| | |
|---|---|
| 범주화 | 아이디어들을 분류하고 비슷한 것끼리 빨리 모으기 |
| 추상화 | 분류된 아이디어의 내용을 아우르는 이름 붙여주기 |
| 비교 | 묶인 아이디어들을 비교하며 분류 기준의 적절성을 검증 |
| 통합 | 추상화된 개념을 특정 조건이나 맥락에 따라 더 큰 카테고리로 묶어 통합하기 |

**클러스터링을 활용해 운전 경험 중 사용자 관련 요인을 분석한 예시**

| 상위 요인 | 세부 요소 | 카테고리 | 차원 | 개수 | 정의 |
|---|---|---|---|---|---|
| 사용자<br>관련 요인<br>(345) | 습관 요소<br>(160) | 습관 | 정도 | 정도 | 운전자의 정신,<br>인지와 관련된 개인적 요인 |
| | | 숙련도 | 고저 | 정도 | |
| | | 사전 지식 | 고저 | 정도 | |
| | 각성 요소<br>(38) | 긴장감 | 고저 | 정도 | 얼마나 흥분했는가 하는<br>척도로 측정되며,<br>정서적 경험을 나타내는 개념 |
| | | 안락함 | 고저 | 정도 | |
| | 안전성<br>(74) | 안전성 | 고저 | 정도 | 운전자가 주행 시 안전을<br>중요시하는 정도 |
| | | 오류 발생 감지성 | 정도 | 정도 | |
| | | 사건 방지성 | 유무 | 정도 | |
| | 감성(73) | 불편함 | 고저 | 정도 | 어떤 활동과 관련된 구체적인<br>자극 대상에 의해 유발되며,<br>인지적 처리 과정에 의해<br>활성화되는 정서적 상태 |
| | | 즐거움 | 고저 | 정도 | |

출처: 박도은, 윤예진, 박수이, 「UX 기반의 운전 경험에 영향을 미치는 요소」,
『한국콘텐츠학회 논문지』 제17권 제4호, 2017, 237-246쪽에서 변형

**4. 다음 내용이 나타내는 서비스 디자인 방법은?**

② → 페르소나는 제품 또는 서비스를 사용할 것 같은 집단의 특성을 지닌 가상의
인물에 대한 내용을 다룬다.

**5. 다음은 산모일기 애플리케이션을 사용하는 산모 사용자의 사용자 여정 지도의 예시이다.
㉠-㉢에 해당하는 말로 옳은 것은?**

① → ㉠ 동기, ㉡ 감정, ㉢ 물리적 증거물

**사용자 여정 지도의 구성 요소**
▸ 보통 행동, 목표, 접점, 느낌과 생각 등을 작성하고 세부 요소를 조정
▸ 사용자의 감정을 그래프나 표정으로 기록하기도 함

# 6강 예상 문제 정답과 개념 확인

**1. 자기보호아동에 대한 서비스 개발 중, 아래 내용처럼 (A)를 진행해 콘셉트 브리프를 제작했다. 이 과정에 대한 설명으로 옳지 않은 것은?**

② → (A)는 HMW 방법을 진행한 내용이다. 이 과정에서는 다양한 기회 영역을 도출하는 것을 목표로 한다. 따라서 논리적인 의견보다, 목표 사용자의 관점에서 적합한 다양한 의견을 수렴하는 것이 중요하다.

**HMW 방법**

▸ 질보다 양이 중요한 단계
▸ 아이디어의 구현 가능성이나 사업성의 관점으로 질문을 제외하지 않아야 함
▸ 구체화한 페르소나의 입장에서 다양한 의견을 수렴

**2. 아래 예시는 A사에서 기획 중인 트래킹 서비스에 대한 (B)이다. 사용자에게 어떤 경험을 제공할 수 있는지 설명하는 자료인 (B)를 설명하는 용어는?**

① → 콘셉트 브리프 중 제품이나 서비스가 사용자에게 어떤 경험을 제공할 수 있는지 설명하는 자료. 구체적인 서비스의 모습이 보이지 않는 로우피델리티 자료로, 가장 간단한 형태의 콘셉트 브리프다.

**콘셉트 브리프**

▸ 다양한 이해관계자들에게 직관적으로 서비스에 대한 내용을 커뮤니케이션할 수 있는 도구로 사용
▸ 충실도에 따라 로우피델리티, 미드피델리티, 하이피델리티로 구분

**3. 다음 중 브레인스토밍의 원칙에 해당하지 않는 것은?**

② → 브레인스토밍 과정에서는 내 아이디어를 관철하기보다 새로운 아이디어가 많이 나오는 것이 중요하다. 다른 사람이 낸 아이디어를 기반해 새로운 생각을 붙이는 것도 좋은 방법이다.

**브레인스토밍 과정**

▸ 가능한 해결책과 아이디어를 자유롭게 내는 것이 중요
▸ 이를 위해 가치 판단을 보류하고 생각나는 아이디어를 쏟아내야 함

**4. 다음 [그림]은 서비스 디자인 프로세스를 더블 다이아몬드 모델로 설명한다. (C)에 해당하는 내용으로 적절한 것은?**

② → (C)는 '정의하기' 단계에 해당하며, 발견하기에서 확인한 데이터를 종합해 의미 있는 콘셉트로 도출하는 단계다. ①은 '개발하기', ③은 '발견하기', ④는 '전달하기' 단계의 내용이다.

**더블 다이아몬드 모델**

▸ 확산과 수렴 단계를 2차례 거치도록 표현
▸ 발견하기 → 정의하기 → 개발하기 → 전달하기 단계로 진행

# 7강 예상 문제 정답과 개념 확인

## 1. 다음에서 설명한 서비스 경험 디자인 방법의 명칭으로 적합한 것은?

① → **사용자 여정 지도**에 대한 내용이다.

**사용자 여정 지도**

▸ 특정 사용자(페르소나 또는 하나의 사용자 유형)가 서비스와 상호작용하는 접점을 바탕으로, 처음 사용하는 초기 접점에서부터 서비스가 완료되는 전체 경험 과정을 순차적으로 시각화
▸ 특정 서비스 및 제품에 국한되지 않고 일반적인 사람들의 관점, 태도, 행동을 반영하는 경험 지도나 특정 과업에 대한 사용자의 관점, 태도, 행동을 시각화하는 공감 지도와는 차별점을 가짐

## 2. 다음은 서비스 청사진에 대한 [그림]이다. 빈칸에 들어갈 서비스 청사진의 구성 요소를 올바르게 짝지은 것은?

② → ㉠ 지원 프로세스, ㉡ 상호작용선, ㉢ 가시선, ㉣ 내부 상호작용선

**서비스 청사진 구성 요소**

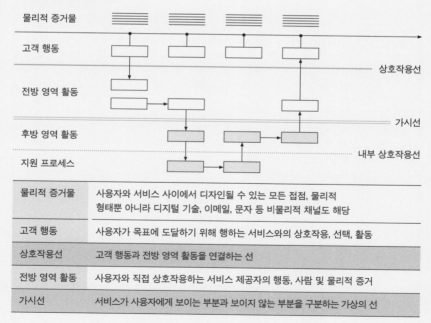

| 물리적 증거물 | 사용자와 서비스 사이에서 디자인될 수 있는 모든 접점, 물리적 형태뿐 아니라 디지털 기술, 이메일, 문자 등 비물리적 채널도 해당 |
|---|---|
| 고객 행동 | 사용자가 목표에 도달하기 위해 행하는 서비스와의 상호작용, 선택, 활동 |
| 상호작용선 | 고객 행동과 전방 영역 활동을 연결하는 선 |
| 전방 영역 활동 | 사용자와 직접 상호작용하는 서비스 제공자의 행동, 사람 및 물리적 증거 |
| 가시선 | 서비스가 사용자에게 보이는 부분과 보이지 않는 부분을 구분하는 가상의 선 |

| 후방 영역 활동 | 사용자와 직접 상호작용하지 않고 뒷받침해주는 서비스 제공자의 활동, 사람 및 물리적 증거 |
|---|---|
| 내부 상호작용선 | 서비스를 지원하는 활동과 사용자와 접하는 활동을 구분하는 선 |
| 지원 프로세스 | 전방과 후방의 사람들이 서비스를 잘 제공하도록 지원해주는 외부 조직 또는 파트너의 지원 프로세스 |

## 3. 다음 [그림]의 서비스 청사진은 목소리 기반 매칭 애플리케이션 서비스의 예시다. 보기의 유형 중 옳은 것은?

① → 청사진에서 전방 영역이 후방 영역에 비해 빽빽하며, 서비스 후반부보다 전반부에 많은 일이 이루어지므로 서비스 전면과 초반부가 중요한 서비스 유형에 해당한다.

### 서비스 청사진의 유형

전체 서비스 청사진을 수직과 수평으로 구분해서 보면, 4개의 영역 중 어떤 영역에 활동이 몰려 있는지에 따라 다양한 서비스를 크게 4가지 유형으로 나눌 수 있다.

| 수평으로 나누었을 때 | 상부는 서비스 사용자와 가시 제공자를 중심으로 하는 영역, 하부는 후방 제공자와 후방 지원 시스템이 중심이 되는 영역이다. |
|---|---|
| 수직으로 나누었을 때 | 왼쪽은 서비스 흐름상 초반부가 중심이 되는 영역, 오른쪽은 후반부가 중심이 되는 영역이다. |

## 4. 다음 [그림]이 설명하는 서비스 경험 디자인 지도 제작 시 고려해야 할 내용으로 옳은 것은?

③ → [그림]은 경험 지도를 나타낸다. 경험 지도는 일반적인 사람이 목표를 완수하기 위해 시작부터 끝까지의 전체 경험을 시각화하는 매핑 방법이다.

### 경험 지도

▶ 사용자 여정 지도를 만들기 전, 사람들의 일반적인 행동을 이해하기 위해 사용
▶ 일반적인 사람들이 목표를 완수하기 위해 시작부터 끝까지 수행한 전체 경험을 순차적으로 시각화
▶ 특정 사용자의 특정 서비스 경험에 집중하는 고객 여정 지도와는 반대의 개념

# 8강 예상 문제 정답과 개념 확인

## 1. 다음 중 서비스를 개발하기 위한 프로토타이핑의 유형을 옳게 짝지은 것은?

② → ⊙ 서비스 시연, ⓒ 스토리보드, ⓒ 디지털 프로토타이핑

### 프로토타입의 유형

프로토타입은 완성도와 적용 시기에 따라 여러 유형으로 분류할 수 있다.

### 충실도에 따른 분류

| | |
|---|---|
| 낮은 충실도 프로토타입 | 초기 서비스 디자인 프로토타이핑 시 서비스 콘셉트를 신속하고 빠르게 검증하기 위해 사용(디자인 프로세스의 스케치, 초기 서비스 스토리보드 등) |
| 높은 충실도 프로토타입 | 완성된 서비스 콘셉트를 효과적으로 전달하고 검증하기 위한 목적으로 사용(디지털 프로토타이핑) |

### 반영하는 깊이와 폭에 따른 분류

| | |
|---|---|
| 수평적 프로토타입 | 서비스의 다양한 기능을 폭넓게 담는 것을 고려해 프로토타입 작성 |
| 수직적 프로토타입 | 개발 과정에서 핵심적으로 다루어야 할 주요 기능만을 깊이 있게 구현 |

## 2. 다음 중 스토리보드에 대한 설명으로 옳지 않은 것은?

④ → 스토리보드는 특정 사용자와 문제를 설정하고, 해결 아이디어의 적용으로 발생하는 긍정적 경험의 변화로 구성된다.

### 서비스 스토리보드

▸ 특정 상황을 그림이나 사진을 이용해 시각화한 것
▸ 이를 이용해 새로운 서비스의 프로토타입을 가상으로 실행 가능
▸ 설정(사용자와 문제의 소개), 대립(문제 발생 상황과 해결 아이디어의 적용), 해결(긍정적인 경험의 변화)의 3단계로 구성

## 3. 다음 [보기]가 설명하는 프로토타이핑 방법으로 옳은 것은?

**① → [보기]의 내용은 오즈의 마법사에 대한 설명이다.**

### 오즈의 마법사

▸ 아직 완성되지 않은 시스템 및 인터페이스를 설계하고자 할 때, 혹은 가설을 빠르게
검증할 수 없거나 데이터 및 기술이 완벽하지 않은 인공지능 프로젝트에서 많이
활용되는 프로토타이핑 방법

▸ 보이지 않는 공간에 마법사 역할을 하는 사람이 상주해, 수행 업무마다 상황에 필요한
프로토타이핑을 신속하게 제공함으로써 시스템이나 서비스의 기능을 테스트

▸ 사용자에게 시스템의 목적과 기능에 대한 시나리오를 기반으로 프로토타이핑을
진행해 발전적인 결과를 도출

---

## 4. 다음은 사용성 평가와 관련된 설명이다. ㉠-㉣을 올바르게 짝지은 것은?

**④ → ㉠ ISO 9241-11, ㉡ 효과성, ㉢ 효율성, ㉣ 만족도**

### 사용성이란

ISO 9241-11에 따르면, 사용자가 특정 사용 맥락에서 목표한 바를 효과적이고, 효율적으로,
만족스럽게 달성할 수 있도록 하는 것

| | |
|---|---|
| 효과성 | 시스템이 사용자의 목적을 얼마나 충실히 달성하는가? |
| 효율성 | 사용자가 과업을 달성하기 위해 투입한 자원과 그 효과 간의 관계 |
| 만족도 | 사용자가 시스템을 사용하면서 기대했던 것에 비해 얼마나 만족했는가? |

## 5. 다음 [보기]에 나오는 평가 방법에 대한 설명으로 옳은 것은?

**②** → [보기]의 내용은 휴리스틱 평가에 대한 설명이다.

**휴리스틱 평가**

▸ 서비스의 성능과 품질이 적절한지 평가하는 발견적 조사 방법
▸ 전문가의 지식, 경험, 노하우로 빠르게 서비스를 평가해 문제점 및 개선 방향을 제시
▸ 서비스 디자이너, 사용자 경험 디자이너, 사용성 전문가, 사용자 인터페이스 전문가,
정보 구조 전문가 등 5~10명 내외의 전문가가 서비스 품질과 가치의 관점에서 전문적인 지식과
경험을 기반에 두고 평가
▸ 가장 일반적인 품질 측정 방법으로 사용

**제이콥 닐슨의 휴리스틱 평가 10원칙**

| | |
|---|---|
| 1 | 사용자에게 시스템의 현재 상태를 시각화해 보여준다. |
| 2 | 현실 세계와 부합되도록 시스템을 설계한다. |
| 3 | 사용자에게 적절한 통제권을 부여한다. |
| 4 | 일관성과 표준성을 높인다. |
| 5 | 오류를 미연에 방지할 수 있도록 설계한다. |
| 6 | 사용자가 직관적으로 시스템을 사용할 수 있게 한다. |
| 7 | 사용자가 효율적이고 유연하게 사용할 수 있도록 한다. |
| 8 | 심미적이고 간결한 시스템 디자인을 제공한다. |
| 9 | 오류 발생 시 사용자 스스로 문제를 파악하고 수정할 수 있도록 설계한다. |
| 10 | 사용자에게 충분한 도움말을 제공한다. |

# 9강 예상 문제 정답과 개념 확인

## 1. 다음에서 설명하는 비즈니스 모델 캔버스의 요소에 해당하는 것은?

② → 핵심 파트너십: 서비스 운영을 최적화하고 핵심 활동에 집중할 수 있도록, 여러 이해
관계자와의 네트워크 및 파트너십 구축

비즈니스 모델 캔버스의 9가지 요소

| 핵심 파트너십 | 핵심 활동 | 가치 제안 | 고객 관계 | 고객 세그먼트 |
|---|---|---|---|---|
| | 7 | | 4 | |
| | 핵심 자원 | | 채널 | |
| 8 | 6 | 2 | 3 | 1 |
| 비용 구조 | | 수익원 | | |
| 9 | | 5 | | |

| | | |
|---|---|---|
| 1 고객 세그먼트 | | 우리가 창출하는 가치는 누구를 위한 것인가?<br>우리에게 가장 중요한 고객들은 누구인가?<br>▸ 서비스를 사용하게 될 직접적인 사용자<br>▸ 서비스 경험 디자인 과정 중 퍼소나에서 작성한 가상의 사용자를<br>　고객 세그먼트 블록에 간단히 표현 |
| 2 가치 제안 | | 우리가 전달하고자 하는 가치는 무엇인가?<br>우리가 만족시키는 고객 요구는 무엇인가?<br>▸ 서비스가 고객에게 줄 수 있는 주요 가치<br>▸ 다른 경쟁자에 비해 가지는 비교우위의 가치를 중점적으로 작성 |
| 3 채널 | | 세분화된 고객별로 어떤 채널을 통해 전달하는가?<br>▸ 고객 세그먼트와 가치 제안을 연결하는 채널<br>▸ 크게 고객에게 서비스를 알리고 피드백을 받는 커뮤니케이션<br>　채널과 서비스를 직접적으로 전달하기 위한 유통 채널로 구분 |
| 4 고객 관계 | | 어떤 유형의 고객 관계를 형성하고 유지할 것인가?<br>▸ 고객이 서비스를 사용하는 과정에서 도움이 되는 서비스 제공자와의 관계<br>▸ 새로운 고객을 확보하는 방법, 고객이 서비스를 계속 사용하도록<br>　하는 방법, 고객으로부터 수익을 더 늘릴 방법 등이 포함 |

| 5 수익원 | 고객이 기꺼이 지불할 만한 가치는 무엇인가? |
|---|---|
| | 현재 고객이 지불하는 것은 무엇인가? |
| | ▸ 서비스 제공자가 고객에서 수익을 창출하는 방식 |
| 6 핵심 자원 | 가치 제안을 위해 필요로 하는 핵심 자원은 무엇인가? |
| | ▸ 서비스를 통해 고객에게 가치를 전달하기 위한 물적·인적·지적 재산 및 자원 등의 핵심 자원 작성 |
| 7 핵심 활동 | 가치 제안을 위해필요로 하는 핵심 활동은 무엇인가? |
| | ▸ 고객에게 가치를 전달하기 위해 하는 활동 |
| | ▸ 고객에게 직접적으로 서비스를 제공하는 것뿐 아니라 서비스 청사진의 후방에서 수행되는 활동 포함 |
| 8 핵심 파트너십 | 핵심 파트너는 누구인가? |
| | 파트너가 실행하는 주요 활동은 무엇인가? |
| | ▸ 서비스 운영을 최적화하고 핵심 활동에 집중할 수 있도록, 여러 이해관계자와의 네트워크 및 파트너십 구축 |
| 9 비용 구조 | 우리의 BM에서 발생하는 주요 비용은? |
| | ▸ 비즈니스 모델이 운영되는 동안 일어나는 금전적 결과 |
| | ▸ 고정 비용과 변동 비용을 나누어 작성 |

## 2. 다음 [그림]에서 제시하는 캔버스에 대한 설명으로 옳은 것은?

**④ → [그림]은 린 캔버스를 제시한다. ①, ②, ③은 비즈니스 모델 캔버스에 대한 설명이다.**

**린 캔버스**

▸ 애시 모리아가 비즈니스 모델 캔버스를 활용해 만든 비즈니스 계획 템플릿
▸ 비즈니스 모델 캔버스에서 4개의 블록을 초기 스타트업에 더 필요한 내용으로 변경
  핵심 파트너십 → 문제 / 핵심 활동 → 해결안 / 핵심 자원 → 핵심 지표 / 고객 관계 → 경쟁 우위
▸ 스타트업 또는 창업 기업이 시장을 빠르게 검증하고 아이디어를 시뮬레이션하는 데 사용
▸ 고객 세그먼트와 미래가 아닌 현재 고객이 처한 문제가 가장 중요하게 봄

**3. 다음 [그림]은 서비스 브랜딩 모델이다. 빈칸에 들어갈 말을 올바르게 짝지은 것은?**

② → ㉠ 브랜드 인지도 가치, ㉡ 브랜드 연상 가치, ㉢ 브랜드 자산

**서비스 브랜딩**

▸ 보통의 제품 브랜딩이 브랜드 인지도와 관련된 활동 중심인데 비해,
  서비스 브랜딩은 인지도 형성과 브랜드 연상 가치 형성이 동시에 진행
▸ 브랜드 자산을 키우기 위해서는 전달하고자 하는 브랜드 가치 및 실제 사용자가
  경험하게 되는 브랜드의 가치까지 고려해야 함

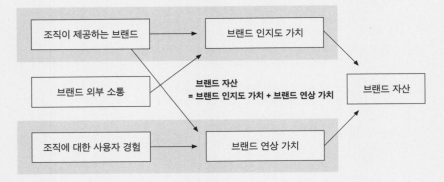

# 10강 예상 문제 정답과 개념 확인

**1. 다음 [표]는 카노 모델의 품질 요소에 대한 내용이다. ㉠-㉣에 들어갈 품질 요소를 연결한 것으로 옳은 것은?**

**④ → ㉠ 일차원적 품질 요소, ㉡ 당연적 품질 요소, ㉢ 무차별 품질 요소, ㉣ 역 품질 요소**

**카노 모델 품질 요소 체크리스트**

긍정 질문: □□□ 기능이 있다면 어떤 생각/느낌이 드는가?
부정 질문: □□□ 기능이 없다면 어떤 생각/느낌이 드는가?

| 고객 요구 | | 부정 질문 응답 | | | | |
|---|---|---|---|---|---|---|
| | | 마음에 든다 | 당연하다 | 아무 느낌 없다 | 하는 수 없다 | 마음에 안 든다 |
| 긍정 질문 응답 | 마음에 든다 | Q | A | A | A | O |
| | 당연하다 | R | I | I | I | M |
| | 아무 느낌 없다 | R | I | I | I | M |
| | 하는 수 없다 | R | I | I | I | M |
| | 마음에 안 든다 | R | R | R | R | Q |

| | |
|---|---|
| A | 매력적attractive |
| O | 일차원적one-dimensional |
| M | 당연적must-be |
| I | 무차별indifferent |
| R | 역 reverse |
| Q | 의심스러운 답questionable<br>(설문을 이해하지 못했거나 또는 응답자가 품질에 대한 이해도가 낮음) |

## 2. 다음 중 카노 모델에서 시간의 흐름에 따라 변화하는 품질 요소의 순서를 올바르게 짝지은 것은?

① → 품질 요소는 시간의 흐름에 따라 매력적 요소 > 일차원적 요소 > 당연적 요소로 변화한다.

**카노 모델의 품질 요소**

▸ 품질 요소는 시간의 흐름에 따라 매력적 요소 > 일차원적 요소 > 당연적 요소로 변화
▸ 사람들의 생각과 요구 사항은 시시각각 변하며 기술이 발전함에 따라 '최고 사양'의 의미 역시 지속적으로 변화하기에, 사용자가 즐거움을 느끼는 매력적인 기능은 시간이 지나면 당연시되는 꼭 필요한 기능이 됨
▸ 매력적 요소는 고객 감동을 줄 수 있지만, 경쟁자들이 후발적으로 점차 품질을 충족시키거나 소비가 익숙해진다면 점차 일차원적 요소, 당연적 요소로 변함

## 3. 다음 중 가치 제안 캔버스에 대한 설명으로 옳지 <u>않은</u> 것은?

② → 가치 제안 캔버스는 항상 오른쪽 고객 프로필에서 시작해 왼쪽 가치 맵으로 이동하며 캔버스를 제작한다. 고객의 활동, 불만, 혜택을 이해하고, 서비스가 이를 해결하고 혜택을 창출할 방안을 고안하는 것이다.

**가치 제안 캔버스 제작**

① 고객 프로필 정확하게 정의하기: 고객 활동, 불만, 혜택을 이해하고, 이를 해결할 방법이 있을지 고민
② 가치 제안의 시각화: 고객 프로필에 부합하는 새로운 혜택 창출, 불만 해결을 위한 새로운 서비스(가치) 고안
③ 제품과 서비스의 적합성 달성

| 문제-해결 적합성 | 가치 제안을 통해 해결하려고 하는 활동, 불만, 혜택을 고객이 중요시하는가? |
|---|---|
| 제품-시장 적합성 | 제안한 가치가 고객이 정말 원하는 것인지 입증할 수 있는가? |
| 비즈니스 모델 적합성 | 가치 제안에 맞춰 도출한 비즈니스 모델이 측정 가능하고 수익성이 높다는 것을 입증할 수 있는가? |

## 4. 다음의 내용 중 올바르게 짝지어진 것은?

**④ → ① 정보 시각화, ② 정보 디자인, ③ 데이터 시각화, ④ 인포그래픽**

**데이터 시각화**

가공되지 않은 정량적 정보를 이해하고 처리하기 쉽도록 노드의 형태로 시각화한 것

| | |
|---|---|
| 정보 시각화 | 한정된 공간에 많은 정보를 효율적 또는 차별적으로 제시, 또는 목적에 맞게 그래프의 형태로 시각화하는 것 |
| 정보 디자인 | 정보에 쉽게 접근하고, 정보를 효율적으로 전달하기 위해 차트나 그래프 등을 활용해 데이터를 의미 있게 시각화한 것 |
| 인포그래픽 | 정보를 분석·가공해 트렌드나 패턴을 빠르게 인지할 수 있도록 시각화한 것으로, 스토리텔링과 시각 능력을 강화하는 그래픽을 적극적으로 활용 |

# 11강 예상 문제 정답과 개념 확인

**1. 다음 [보기]의 내용은 기업의 지속 가능한 경영에 대한 개념이다. ⊙과 ⓒ에 들어갈 용어를 올바르게 짝지은 것은?**

① → ⊙은 ESG, ⓒ은 CSR에 대한 설명이다.

**ESG와 CSR의 차이**

|  | ESG | CSR |
|---|---|---|
| 의미, 목적 | 기업 활동 전반에 친환경, 사회적 책임, 지배 구조 개선 등을 도입, 지속 가능한 발전 도모 | 기업의 사회적 책임을 의미하며, 사회에 기여하고자 하는 목적으로 진행되는 기업의 부가 활동 |
| 실행 방법 | 기업 경영, 재무 활동에 연동 | 봉사, 기부 및 사회 공헌 프로그램 등을 운영하며 가치 실현 |
| 단기적 효과 | 주주, 잠재적 투자자, 투자 매체에 영향, 현황을 지수로 발표 | 소비자, NGO, 임직원 등에 긍정적 이미지 부여, 충성도 및 기업 이미지 상승 |
| 장기적 효과 | 기업의 재무 안전성에 기여 | 기업의 평판 향상에 도움, 매출 증대에도 기여 |

**2. 다음 [보기]의 ⊙-ⓒ에 들어갈 용어를 올바르게 나열한 것은?**

③ → [보기]는 트리플 보텀 라인에 대한 설명이다.

**트리플 보텀 라인**

| 3가지 원칙 | 경제적 가치, 사회적 자본, 환경 |
|---|---|
| 3가지 핵심 구성 요소(3P) | 이윤, 사람, 지구 |

### 3. 다음 중 디자인공지증명제도에 대한 설명으로 옳지 않은 것은?

② → 디자인등록(디자인 특허권)과 달리 디자인공지증명을 통해서는 독점 배타적인 권리가 발생되는 것은 아니다.

**디자인공지증명제도**

- ▸ 자신의 디자인 창작물에 대한 창작 사실(창작자·시기)을 증명해주는 제도
- ▸ 특허청에 디자인등록출원을 하기 이전에, 간소화된 조건으로 디자인 보호를 위해 신청할 수 있는 제도
- ▸ 디자인공지증명을 통해 독점 배타적인 권리가 발생되는 것은 아니므로, 최초 공지 후 6개월 이내에 반드시 특허청에 디자인등록출원을 하는 것이 가장 안전한 디자인 보호 절차

---

### 4. 다음 중 디자인권으로 등록을 받기 위한 디자인의 등록 요건이 아닌 것은?

① → 디자인으로 특허 등록을 받기 위해서는 신규성, 창작성, 공업상 이용가능성을 충족해야 한다.

**디자인보호법([법률 제18998호, 시행 2022. 10. 18.] 특허청)**

| 디자인 성립 요건 | 물품성, 형태성, 시각성, 심미성 |
|---|---|
| 디자인 등록 요건 | 신규성, 창작성, 공업상 이용가능성 |

---

### 5. 다음 중 디자인보호법으로 등록할 수 있는 것은?

② → 공업적 생산 방법으로 양산이 불가능한 자연물, 순수미술 저작물, 부동산, 물품을 상업적으로 취급하는 과정에서 만들어지는 서비스 디자인, 물품성이 없는 시각 이미지인 심벌마크나 캐릭터 자체는 디자인보호법으로 등록할 수 없다.

**캐릭터 디자인 보호**

- ▸ 캐릭터 디자인 자체는 디자인보호법이 아닌 저작권법으로 보호받을 수 있음
- ▸ 디자인보호법으로 보호를 받으려면 캐릭터를 라벨지, 인형과 같은 물품의 형상·모양으로 표현해 출원하는 방법이 있음